성격으로 읽는 똑똑한 독서법

# 독서왕
# 1급
# 비밀

성격으로 읽는 똑똑한 독서법

# 독서왕
# 1급 비밀

초판 1쇄 인쇄 | 2024년 2월 26일
초판 1쇄 발행 | 2024년 3월 10일

지은이 | 김종순, 백정희
발행인 | 김태웅
기획 편집 | 김현아
마케팅 총괄 | 김철영
온라인 마케팅 | 김은진
제 작 | 현대순

발행처 | (주)동양북스
등 록 | 제 2014-000055호
주 소 | 서울시 마포구 동교로22길 14 (04030)
구입 문의 | 전화 (02)337-1737 팩스 (02)334-6624
내용 문의 | 전화 (02)337-1763 이메일 dybooks2@gmail.com

ISBN  979-11-7210-009-4  13370
ⓒ 2024, 김종순, 백정희

성격으로 읽는 똑똑한 독서법

# 독서왕 1급 비밀

김종순 · 백정희 지음

동양북스

〈독서왕 1급 비밀〉을 쓰게 된 우리는 10년 지기 하브루타(=질문으로 대화) 짝이다. 아이들의 독서와 정서적 성장에 관심이 많아서 독서모임을 가질 때마다 열띤 하브루타를 했다. 우리는 행동탐구이상형, 규범이상형의 서로 다른 성격을 가졌지만 아이들에 대한 관심과 열정의 깊이는 늘 같았다. 아이들의 독서코칭을 하며 부딪히는 수많은 문제를 놓고 원인이 무엇인지 탐구하며 함께 책을 쓰게 되었다.

    독서는 책을 읽는 것인데 단순하게 읽는 것 외에 더해져야 할 요소들이 많은 활동이다. 등장인물이나 내용을 기억해서 인출할 수 있어야 하고 나이에 맞는 독해력과 어휘력도 발달되어야 한다. 그래서 부모님들은 아이들이 어려서부터 책을 잘 읽도록 돕고 학교에서도 교과서에 나오는 글과 연계독서를 하게 해주고 있다. 그런데 독서 수업을 하다 보면 여러 가지로 문제가 드러난다.

책을 읽었는데도 내용을 모르고 기억이 안 나는 아이들, 같은 책을 읽어도 재미있다는 아이들과 재미없다는 아이들, 문학은 잘 읽는데 비문학은 질색하는 아이들, 역사와 과학이라는 말만 나와도 혀를 내두르는 아이들, 책 한 권을 못 읽고 며칠째 붙들고 있는 아이들, 말은 잘하는데 읽기나 쓰기가 안 되는 아이들, 수필은 잘 쓰는데 논리적인 글은 어려워하는 아이들, 책에 대한 질문을 만들 때도 속도나 관점이 현저하게 차이가 나는 아이들을 볼 수가 있다.

이런 문제가 생기는 원인은 무엇인지 늘 고민이었고, 문제를 해결하기 위해 다양한 분야의 배움을 하게 되었다. 부모교육, 그림치료, 심리학, 뇌과학, 연우심리공부를 하면서 이런 것들이 타고난 기질과 성격유형의 영향이 크다는 것을 발견하게 되었다.

성격은 일반적인 생활은 물론이고 학습과 독서에 모두 영향을 주고 있다. 하지만 교육현장에서는 아이들의 성격을 고려하지 않고 같은 방식으로 이끌어간다. 이런 방식이 성향적으로 잘 맞는 아이라면 무리 없이 따라가겠지만 다른 방식이 필요한 아이들은 성장이 더딜 수밖에 없다. 요즘은 자기소개를 할 때도 MBTI를 먼저 말할 정도로 성격에 관심이 많다. 하지만 '나의 성격은 이런 유형이야' 정도로만 알고 있을 뿐 그 성격이 학습이나 독서에는 어떻게 영향을 미치고 있는지 전혀 생각하지 못한다. 아이들이 학습이나 독서가 안 될 때 성격유형을 분석해주고 성격 때문에 생기는 문제를 알려주면 학생이나 학부모 모두 '맞아 요 맞아요.'라며 공감하고 성격에 대한 객관적인 인식이 생기기 시작 한다.

〈독서왕 1급 비밀〉에서는 연우심리연구소에 개발한 네 가지의 성 격유형과, 성격유형에 따라 나타나는 독서에서의 특성을 소개하고자 했다. 1장에서는 4개의 기본적인 성격에서 파생되는 8가지 성격유형 을 소개하고 그에 따른 특징과 사례를 통해 성격에 대해 쉽게 이해하 게 했다. 그리고 1장 부록에서 우리 가족의 성격을 찾아볼 수 있는 '성 격 검사표'를 첨부했다. 2장에서는 성격유형이 독서에 어떻게 영향을 주는지 성격유형별로 구체적인 예를 들어 그동안 경험하며 느끼고 관 찰한 것을 해결법으로 제시했다. 또한 3장에서는 성격 때문에 나타나 는 독해력 문제, 기억력 문제 등을 성격과 연결 지어 해결법을 제시했 다. 4장은 짧고 재미있는 이야기의 줄거리를 참고하여 독자들이 직접 등장인물의 성격을 찾아볼 수 있도록 구성했다. 이야기에서 등장인물 들이 성격에 따라 어떤 행동을 하는지, 그럴 때 느끼는 감정은 무엇이 며 등장인물에게 무엇을 보완해주면 좋을지 성격카드, 감정카드, 실천 카드를 활용해서 강점은 살리고 약점은 보완해주고자 했다.

시중에는 독서 교육에 관한 유익한 책들이 많다. 하지만 특정 방법에 접근하기 전에 성격적인 특성을 아는 것이 선행되어야 한다. 개인의 역량 차이를 논하기에 앞서 성격적인 특성을 잘 활용한다면 아이들의 독서 교육에 좀 더 구체적이고 실질적인 도움이 될 것이다.

이 책의 사례에 나오는 아이들은 우리의 수업 현장에서 오랫동안 함께한 아이들이다. 독서라는 울타리 안에서 울고 웃으며 성장하는 아이들을 볼 때마다 큰 기쁨과 보람을 느낀다. 우리를 끊임없이 고민하며 나아가게 해준 아이들과 우리의 교육을 믿고 맡겨주신 학부모님들께 감사한 마음이 크다.

이 책을 통해 성격유형이 독서나 학습에 어떻게 영향을 주는지 관심을 갖고 아이를 이해하는 데 도움이 되기를 바란다.

목 차

chapter

# 2 성격유형과 독서의 상관관계

chapter

# 3 성격유형으로 나타나는 아이의 약점, 플러스 강점

chapter one

1

우리 아이 파악하는
성격유형
8가지

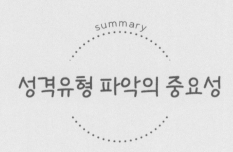

# 성격유형 파악의 중요성

성격은 타고난 기질에 환경 요인이 더해져서 형성된다. 태어날 때 타고난 기질이 같아도 어떤 환경에 노출되었냐에 따라 아이마다 다른 성격을 형성해 나간다. 시중에는 MBTI, 에니어그램, DISK 검사 등 다양한 성격검사들이 나와 있다. 그중에서도 우리는 U&I 학습유형 성격검사를 토대로 독서와 학습에 대한 반응이 아이마다 어떻게 나타나는지 관찰했다.

독자들의 이해를 돕기 위해 1장에서는 U&I 성격검사에서 분류하는 성격유형을 소개하고 아이들의 사례를 제시했다. 우리가 소개하는 성격유형은 크게 행동형, 규범형, 탐구형, 이상형 4가지로 나뉜다. 4가지 중 1개의 단일 성향으로 나타나는 사람도 있지만 대부분 2~3개의 성향이 섞여서 나타난다. 예를 들면 행동형과 규범형이 만나서 행동규범형이 되기도 하고 행동형과 규범형, 이상형이 만나서 행동규범이상형이 되기도 한다. 단일 성향과 2개의 성향, 3개의 성향이 결합됐을 때 기본 유형만 가진 사람과 어떻게 달라지는지 소개하고자 했다.

자신의 성격유형과 그 특성을 알고 나서 다른 사람의 행동을 바라보면 이해되지 않던 부분들이 이해되고 공감된다. '우리 아이가 왜 저렇지?'라며 이해되지 않던 부분도 해소되고 아이의 행동을 과잉되게 느끼거나 열등한 부분이라고 여기지 않고 있는 그대로 관찰할 수 있게 된다. 우리 아이는 나와 닮은 듯하지만 분명 나와는 다른 존재이다. 그래서 나와 가장 가까운 존재이지만 성격을 이해하며 객관적인 시선으로 바라볼 필요가 있다. 내가 살아온 경험과 가치관으로 고정된 프레임 안에서 아이를 바라보고 평가한다면 아이는 가장 이해하기 어려운 존재가 되고 아이의 무한하고 다양한 가능성들이 제한될 수도 있다. 건강한 부모의 역할은 우리 아이가 가진 성격이 무엇인지 알고 그 안에서 강점과 잠재력을 찾아내 자원들을 잘 활용할 수 있도록 돕는 것이다. 겉으로 보여지는 아이의 행동만을 보는 것이 아닌 내 아이가 가진 성격에서 오는 욕구와 감정들을 읽을 수 있어야 한다.

성격의 관점에서 바라보면 좋고 나쁨이 아닌 다름의 영역들이 많다. 하지만 성격유형에 대한 객관적인 이해가 없다면 자칫 다름을 틀림으로, 고쳐야 하는 부분으로 규정하게 되고 관계 속에서도 상처를 주고받을 수 있다. 성격의 차이 때문에 이런 일들이 발생한다는 것을 인식하면 내 아이는 물론이고 다른 사람들과의 관계 속에서도 크고 작은 오해들을 줄여나갈 수 있다. 불필요한 감정 소비를 줄이고 서로의 부족한 부분을 좀 더 나은 방향으로 채워 나가도록 돕기 위해서는 사람마다 다른 성격유형의 특성과 개념에 대해 알고 적용하는 것이 중요하다.

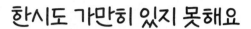

# 한시도 가만히 있지 못해요

행동형

쿵쾅쿵쾅 퉁탕퉁탕! 큰일이 난 것처럼 요란스럽게 등장하는 아이는 하진이다. 하진이는 책상에 냅다 가방을 던지고 자리싸움을 시작한다. 친구가 자신이 찜한 자리에 앉기라도 하면 친구를 밀치고 그 자리를 차지하고 만다.

"야! 왜 밀어? 네가 이 자리 샀어?"
"그래 내가 샀다."

얼토당토 않은 이야기로 한바탕 소란을 피운 후 한숨 가다듬어야만 수업을 시작할 수 있다. 그렇게 수업이 시작돼도 가져오지 않은 준비물이 허다하고 허락도 없이 친구의 필통을 뒤져서 또 한 번의 소란을 피운다. 하진이는 행동형 성격을 가졌다.

## 하고 싶은 것은 거침없이 GO GO

행동형은 활동수준이 높은 외향적인 성격이다. 무계획이 계획일 정도로 자유로움을 좋아하고 통제나 규칙에 속박되기보다 자신의 생각과 행동을 자유롭게 표현하고 싶어 한다. 잠시도 한자리에 앉아 있지 않고 이것저것 새로운 것에 대한 반응이 빠르다. 주어진 일을 미리 준비하기보다는 발등에 불이 떨어지면 그때서야 바쁘다. 학습지 선생님이 오시기 직전에야 부랴부랴 숙제를 하는 식이다. 야단을 맞아도 크게 노여워하지 않고 자신의 마음 가는 대로 몸이 움직인다. 엄마나 선생님의 얘기는 한 귀로 듣고 한 귀로 흘린다.

양육하는 입장에서 보면 매번 덜렁대고 산만해 보여서 ADHD가 아닌지 의심하고 오해하기도 하지만 행동형 성격인 사람들은 장점을 더 많이 가지고 있다. 활동수준이 높고 발산적인 사고를 하므로 적극적이며 호기심과 상상력이 풍부하고 창의적이다. 새로운 것을 추구하며 어떤 일에 얽매이기보다 자유롭고 호탕하며 심각하게 고민하지 않는다. 리더십과 추진력이 있어서 어떤 일을 맘먹고 해야겠다고 결정하면 다양한 아이디어를 내고 일사천리로 빠르게 진행한다. 누구의 간섭이나 참견에 따르기보다 독립적으로 좋은 성과를 만들어가는 사람들이다. 외향적인 성격이다 보니 한 곳에 머물러 있기보다는 변화를 즐기고 다른 사람이 발견하지 못하는 새로운 것을 발견하기도 한다.

## 미래의 나는 리더십 발휘왕

행동형인 아이들은 거침없이 전진하는 리더의 기질을 지녀서 매학기마다 반장을 뽑을 때면 아주 적극적으로 움직인다. 되든 안 되든 후보로 출마하고 친구들에게 서슴없이 자기를 뽑아달라고 부탁도 한다. 주도적이고 활달한 성격이라 자발적으로 움직이는 일을 할 때 좋은 성과를 낸다.

반장을 맡으면 떠오르는 아이디어를 활용하여 즐거운 반의 분위기를 조성하고, 활동을 요구하는 동아리나 체육대회에서도 앞장서서 리드해나간다. 내 아이가 행동형의 성격을 가졌다면 산만하다고 억누르고 야단쳐서 날개를 부러뜨리기보다 날개를 활짝 펴서 날 수 있도록 자존심을 지켜주고 기를 살려주자.

행동형

✔ 활발 　✔ 두뇌회전
✔ 솔직 　✔ 순발력
✔ 의리 　✔ 큰 스케일

장점: 자극적, 융통성, 신속성
단점: 비체계적, 예측 불허
보완점: 책임, 끈기, 노력

# 돌다리도 두들겨 봐요

규범형

독일의 철학자 칸트는 규범 성향이 강한 완벽주의자였고 자신이 정한 규칙을 철저히 지키는 사람이었다. 매일 아침 같은 장소에서 산책하고 정해진 시간에 아침 식사를 해서 주변 사람들은 그가 활동하는 시간을 기준으로 시계를 맞추었다고 한다. 이처럼 완벽주의 성향의 규범형은 매사에 신중하고 꼼꼼하여 돌다리도 두들겨 보고 건너야 하는 유형이다. 고등학생 수영이는 규범형 성격으로 작은 것에도 신경을 쓰는 아이이다. 시험을 앞두고 더 예민해진 아이는 고민 끝에 선생님께 건의를 했다.

"선생님, 시험 기간에 제 책상을 가져오고 싶은데요."

"너의 책상을 들고 온다고? 왜?"

"교실에 있는 책상은 삐걱거리는 소리가 나서 집중이 덜 돼서요."

부모는 '모난 돌이 정 맞는다'며 아이를 설득했다. 하지만 융통성보다는 자신만의 원칙이 뚜렷한 수영이는 학교에서 이런 일이 받아들여진 경우가 있는지 꼼꼼하게 조사했다. 반 아이들의 동의를 얻은 수영이는 자기 뜻대로 책상을 들고 학교에 갔다. 완벽주의 성향 때문에 자신이 준비를 잘했어도 다른 방해가 없는지 확인하고 실행한 것이다. 보통의 아이라면 생각하기 어려운 행동이지만 수영이처럼 규범 성향이 강한 아이는 자신의 원칙에 따라 문제를 제기하고 관철시키기도 한다.

## 책임은 나에게 맡겨

규범형 성격의 기본 욕구는 성실함과 책임감이다. 주어진 일을 차근차근 계획하고 체계적으로 성실히 해나간다. 한번 시작한 일은 끝까지 책임지며, 주어진 규칙이나 틀 안에서 정확한 지침대로 해나가는 것을 중요하게 생각한다. 자신이 책임 있게 규칙을 지키는 것처럼 다른 사람도 질서대로 규칙을 지켜줄 때 안정감을 느낀다. 그래서 규범형 아이를 대할 때는 매사가 조심스럽다. 자신이 정한 기준과 다른 성격의 행동을 보면 이해하기보다 불편해하는 게 눈에 띄게 드러나기 때문이다.

이 유형은 성실하고 꼼꼼한 편이라서 잘못했다는 지적을 받으면 두고두고 가슴앓이를 한다. 자신의 완벽함에 균형이 깨지는 것을 못 견뎌해서 매사에 더욱 철저히 준비를 하는 데 시간을 쓰는 편이다.

행동형이 규범형의 이런 행동을 보면 답답하게 느낄 수 있겠지만, 규범형 성격을 가진 사람은 항상성이 중요해서 새로운 환경보다는 익숙한 환경을 선호하고 뭐든지 샘플이 있을 때가 더 편하다. 그러다 보니 새학기가 되거나 지침이 바뀔 때 적응에 시간이 걸린다.

### 규범형이 선호하는 꿈

규범형은 완벽주의 성향이 있어서 잘 모르는 것이 나오면 그냥 지나치지 못하고 해결이 되어야 다음으로 넘어갈 수 있다. 신중하다 보니 다양한 일을 동시에 하기보다는 한 가지 일에 집중하며, 그렇게 할 때 성과가 더 좋다. 변화가 적은 환경, 주어진 역할과 업무를 정확하게 처리하는 일이 적성에 맞다. 스스로도 새로운 일을 기획하기보다 틀이 제공된 일에서 안정적으로 최고의 능력을 발휘할 수 있다고 여긴다. 그래서 미래의 꿈을 물으면 교사나 공무원이 되고 싶다는 아이들이 많다.

✔ 성실    ✔ 규칙과 원칙
✔ 기억력   ✔ 상처 간직

규범형

장점: 계획성, 성실, 신중, 정확
단점: 비판적, 완벽주의
보완점: 다양함과 변화 시도

# 자신의 관심 분야에만 집중해요

탐구형

어려서부터 똘똘하다는 소리를 듣던 민성이는 모형 로봇 조립에 빠져서 희귀한 조립 제품을 쇼핑하는 것이 즐겁다. 방 안 가득 자신이 원하는 캐릭터를 진열해 놓고 새로운 제품을 만들어 전시하기도 한다. 방 안이 온통 조립형 로봇으로 발 디딜 틈이 없다. 민성이처럼 탐구형 성향의 사람들은 자신이 관심 있는 분야의 동호회에서 자신만의 개성을 찾을 때가 행복하다고 말한다. 관심 있는 한 분야에 대해 끝도 없이 파고들고, 끼니를 거른 줄도 모를 만큼 푹 빠져들어 집중한다. 흔히 '덕후'라고 불리는 사람들은 탐구형의 성격을 가졌다. 다른 사람을 의식하지 않고 자신이 하고 싶은 일에만 열광하는 괴짜들이다.

탐구형은 고집이 세고 자신만의 세계에 빠져 있는 유형으로, 무언가에 꽂히면 시간 가는 줄 모르고 몰입하는 노력파다. 과거에는 이런 사람들을 부정적인 의미로 '오타쿠'라고도 불렀지만, 최근에는 스스로 '덕후'라고 자칭할 만큼 좋아하는 분야에 애정을 보인다.

## 끝없는 질문, 호기심 천국

탐구형인 사람은 호기심이 많으며 논리적이고 이성적이다. 이 성격유형은 다른 성격유형보다 '왜?'라는 질문을 많이 한다. 궁금한 것을 해결하고 싶은 욕구가 강하기 때문이다. 자신이 만족할 만한 답을 얻지 못하면 귀찮을 정도로 끊임없이 질문한다.

알고 싶은 욕구가 발동하면 관심 분야를 주변에 늘어놓고 중얼중얼하며 스스로 질문하고 혼자 답하기도 한다. 자신의 논리대로 정리될 때까지 시간이 걸리고 체계적으로 정리하는 것을 좋아한다.

## 고집이 세상을 발전시키는 에너지로

탐구형은 각각의 분야에서 연구원, 학자, 전문가로 활동할 가능성이 큰 편이다. 상대성 이론을 만든 아인슈타인이나 갈릴레이 같은 과학 천재들이 탐구형 성격을 가졌다고 할 수 있다. 이들은 자신이 옳다는 확신이 있으면 고집스러울 정도로 주장이 강하고 원하는 결과를 얻어낸다. 자신의 관심사에 에너지를 쏟고 깊게 파고들어서 한 분야에 대해서는 전문성을 갖는 편이다. 어느 분야에서나 탐구형 성격의 소유자 덕분에 새로운 이론이 정립되고 세상은 발전하지만, 이들은 가끔 똥고집을 부리 때가 있다.

"그걸 왜 해요? 별로인데요. 안 하면 안 돼요?"

자신이 하고 싶지 않은 일에 대해서는 아무리 설득해도 관심을 가지지 않고 남들이 다 좋다고 하는 일에도 별 흥미를 못 느낀다. 관심 없는 것에 쓰는 시간은 아깝다고 생각하기 때문이다. 이러한 태도는 관심사에 빠질 때와는 대조적이며, 다른 사람을 의식하지 않기 때문에 냉정해 보일 수 있다. 하지만 관심 분야가 잘 맞는다면 또래가 아닌 사람과도 잘 지내며 시간 가는 줄 모르고 이야기를 나누기도 한다.

탐구형
- ✔ 풍부한 상상력
- ✔ 또래들에게 무관심
- ✔ 신중    ✔ 푹 빠짐

장점: 분석, 확산, 논리, 체계
단점: 비정서, 비현실, 비인간
보완점: 타인 관심, 현실성, 시도

# 상상의 날개를 달아요

이상형

〈부끄러움〉의 저자 버나도 카두치는 다양한 성격을 가진 사람들이 각자의 위치에서 자신의 역할을 할 때 사회가 제 기능을 발휘한다고 말한다. 대범하고 자유로운 사람들과 상대방을 배려하는 사람들이 공존하는 사회가 더 건전하다는 의미이다. 마음이 따뜻하고 이타성을 가진 이상형은 사회에 없어서는 안 되는 사람들이다. 죽어가는 사람도 살려내는 이들의 배려는 사회와 공동체에서 윤활유 역할을 한다.

"구구구구, 엄마 왔다."

비둘기 엄마는 모이 주는 것을 반대하는 사람들에게 어떻게 하면 들키지 않고 먹이를 줄 수 있을지 고민이다. 주민들의 반대로 비둘기에게 모이 주는 것을 제지당한 비둘기 엄마는 그 자리에 주저앉아서 펑펑 울었다. 보통 사람들은 이해하기 어렵겠지만, 따뜻한 마음을 가진 이상형은 고양이나 비둘기를 도와줘야만 걱정이 멈추고 안정된다. 당연히 어려운 사람을 보면 발 벗고 나서서 도와주고, 도와주지 못하면 그 생각으로 내적 갈등이 심해진다. 사람뿐만 아니라 자연과 동물까지 사랑하고 작은 일에도 울고 웃는 유형이다.

## 칭찬을 먹고 사는 평화주의

이상형의 기본 욕구는 인간성이다. 마음이 따뜻하고 관계 속에서 행복을 느낀다. 진정한 인간관계를 중요시하며 조금 손해 보더라도 남을 위해 헌신해야 만족스럽다. 자신이 남을 사랑하고 존중하는 만큼 자신도 존중받기 원하고 칭찬에 민감하다. 완벽하게 일을 해내는 결과보다는 과정에서의 칭찬을 중요하게 생각한다. 능력보다는 존재 자체를 인정받을 때 위안을 받고 더 잘하기 위해서 노력한다. 늘 칭찬받기 위해 노력하는 유형이다.

## 경쟁보다는 협력과 조화가 중요

이상형은 경쟁보다는 협력과 조화, 분위기를 중요하게 여긴다. 서로서로 이해하는 분위기에서 평화로울 때 안정감을 느낀다. 환경의 영향은 물론이고 사람의 영향을 많이 받는 편이다. 자신보다는 외부에 신경을 많이 쓰기 때문에 잡념이 잘 생기고 집중력이 떨어지기도 한다. 생각이 많은 만큼 걱정도 많고 고민이 끊이지 않는 유형이다.

사람을 좋아하고 어울리는 것을 좋아해서 수업을 받을 때도 혼자 하기보다 친구들과 함께하는 것을 선호한다.

이상형

✔ 감상적  ✔ 인간관계
✔ 마음이 따뜻함
✔ 용서

장점: 인간적, 헌신적, 배려
단점: 비현실적, 완벽주의
보완점: 객관성, 계획 짜기

# 똑똑하지만 고집이 세요

행동
탐구형

발명왕으로 알려진 에디슨은 직접 달걀을 품고 부화를 시도하기도 하고, 질문이 너무 많아 초등학교에서 쫓겨나기도 했으며 기차에서 신문팔이를 하며 화물칸에서 실험하다가 불을 낸 아이였다. 궁금한 것에서 멈추지 않고 행동으로 실행했던 에디슨은 다른 사람의 눈치를 살피지 않고 호기심 해결을 위해 바로 몰입해야 하는 성격이다. 엉뚱한 행동으로 비난의 대상이 되기도 하지만, 호기심이 생기는 분야라면 남들의 시선에 신경 쓰지 않고 밤낮으로 노력하여 큰 성과를 이루기도 한다.

　우리는 에디슨을 전구를 발명한 사람으로 알고 있지만, 백열전구를 처음 발명한 사람은 따로 있었다. 초기의 전구는 수명이 짧고 열이 심해서 상품화하지 못했는데 영국 화학자 스완이 연구를 거쳐 백열전구를 개발해 특허 신청을 했다. 경쟁심이 발동한 에디슨은 스완의 아이디어를 도용하여 상업적으로 성공을 거둘 새 전구를 발명한다. 에디슨은 축음기, 영사기, 전화 등 많은 물건을 발명했지만, 신제품보다는 남이 개발한 발명품을 더 유리한 쪽으로 개선하여 상용화하고 보급하는 데 중점을 둔 사업가였다. 끊임없는 호기심을 지니고 자신의 궁금증이 해소될 때까지 관심을 놓지 못하는 에디슨은 행동탐구형 성격을 가졌다.

## 관심 분야는 굴을 팔 수 있는 능력 발휘

행동탐구형은 항상 새로운 가능성을 찾아다니며 새로운 시도를 하려고 한다. 자유롭고 활동적이며 구속받기를 싫어하는 행동형과 논리적으로 파고드는 탐구형이 결합된 유형이다. 행동탐구형 아이들은 궁금한 것은 수시로 질문하면서 모둠 수업에 묶여 있는 것은 싫어한다.

"샘, 질문이 있는데요?"
"뭔데? 엉뚱한 질문은 나중에 하자."

선생님의 말씀에 일단은 알았다고 하지만 자신이 궁금한 것에 대해서는 친구들이 눈치를 줘도 계속 질문이 이어진다.
때로는 자신의 생각이나 감정을 직설적으로 표현해서 주변 사람을 당혹스럽게 한다. 입고 싶지 않은 옷, 먹고 싶지 않은 음식, 하고 싶지 않은 일로 의견 대립이 일어나기도 하는데, 자신의 주장을 양보하지 않기 때문에 갈등이 생기기도 한다. 이러한 성격으로 인해 자신과 통하는 한두 명의 친구가 전부일 정도로 친구가 적은 편이다.

이 성격을 가진 아이들은 공부할 때도 자기주장을 펼친다. 관심 밖의 과목은 소홀히 해서 수행평가를 놓치기도 하고 단어를 외우거나 반복적인 학습을 지루하다고 말한다. 반면에 직관력과 추론 능력이 뛰어나서 어떤 분야에 목표가 생기면 고도의 집중력을 발휘한다. 그래서 행동탐구형을 지도할 때는 다른 사람의 입장이나 의견의 중요성에 대해 대화하며 자기 성격의 장단점을 스스로 깨달을 수 있도록 이끌어주고 느긋하게 기다려주는 것이 필요하다.

### 자유롭게 혼자 하기

행동탐구형은 주장이 센 만큼 하고 싶은 것도 명확해서 파고 또 파도 질리지 않는 일이 딱이다. 다른 사람 밑에서 일하는 것을 싫어하므로 혼자서도 깊이 탐구할 수 있는 분야 쪽이 좋다. 철학자, 고고학자, PD, 광고마케터, 사업가가 적성에 맞고 성공할 확률도 높다.

행동탐구형

✔호기심 분야 몰입　✔자기주장 과다
✔두뇌회전과 재능　✔자유롭고 독립적

장점: 자유, 독립적, 직관력, 추론 능력
단점: 충고나 구속 싫어함, 황소고집
보완점: 호기심 살려주기, 대화로 설득하기, 비슷한 상황 경험

# 심각은 NO 즐거움은 OK

행동
이상형

수영 강습을 다니는 승수는 연습 시간마다 선생님께 꾸중을 듣는 일이
다반사이다.

"엄마 수영은 이제 외로워서 더이상 못 하겠어요. 엉엉엉."

느닷없이 울음을 터트린 아이를 보며 엄마는 당황스럽다. 아이는
친구들과 어울리고 싶은데 혼자 레일만 왔다 갔다 반복하는 연습 시간
이 힘들다고 한다.

행동이상형인 사람은 뭐든 재밌어 보이면 '도전!'을 외친다. 친구
와 함께라면 자다가도 벌떡 일어날 정도로 활동적이고 사람을 좋아한

다. 놀이터에서 친구들 소리가 나면 하던 일을 내팽개치고 놀이터로 달려갈 정도이다. 행동이상형은 어른이 되어도 각종 동호회나 모임 스케줄이 넘쳐난다. 친구 따라 강남 가는 사람들이 바로 이 유형이다. 혼자 하는 운동보다는 여럿이 함께하는 운동을 재미있어 한다. 게임을 할 때도 승부욕에 불탄다.

### 용돈이 3일 만에 0원, 친구가 좋아!

행동이상형 아이들의 기본 욕구는 즐거움이다. 자신도 즐거움을 추구하고 다른 사람을 즐겁게 해주기 위해 웃긴 행동도 서슴없이 한다. 무엇을 하더라도 혼자보다는 함께할 때 즐겁다. 자신이 친구라고 생각하는 대상에게는 즐거움을 나눠주고 싶어 하며 다른 사람과 늘 소통하고 함께하는 것을 즐긴다.

다른 사람들을 챙기려고 과잉 친절을 베푸느라 산만해지기도 하며 과자를 사도 두 개를 사서 친구에게 주고 싶어 한다. 용돈이 생겨도 이 친구 저 친구 사주고 챙겨주다 보니 하루 이틀 만에 용돈을 다 써 버리고 또 달라며 해맑게 손을 내민다.

남이 내 마음을 잘 몰라준다고 느낄 때 욱해서 화를 내기도 하고 잘 울기도 한다. 울다가 웃다가 감정의 기복이 심한 편이고, 감정 표현이 잘 드러나며 솔직한 유형이다. 늘 공사가 다망해서 정리정돈이 되지 않고 계획성 없이 행동하지만, 나로 인해 다른 사람이 즐거움을 느낄 때면 그것이 자신의 능력이라고 생각해서 효능감이 올라간다.

## 아이디어가 팡팡!

행동이상형은 친구들과 있을 때도 늘 앞장서서 주도적으로 행동하고 베풀고 인정받기를 원한다. 권위의식이 없어서 왕부터 거지까지 그 누구와도 친구가 될 수 있을 정도로 적응력과 친화력이 좋다. 또한, 직관력이 좋고 눈치도 빠르다. 지구력은 부족한 편이지만, 도전에 대한 목표의식이 생기면 밀고 나가는 힘이 있다.

이 유형은 워낙 자유분방하고 다양한 사람들을 만나는 것을 선호하기 때문에 사업가, 코미디언, 자기 주도적이고 아이디어가 필요한 일을 할 때 역량이 발휘된다.

✔ 인간 존중　　✔ 재치 만점
✔ 명랑 쾌활　　✔ 아이디어 팡팡

행동
이상형

장점: 다방면 관심, 인간성 최고, 약자 편
단점: 딴짓, 감정 기복, 인정 욕구, 충동적, 즉흥적
보완점: 분명한 목표의식, 개방형 수업 방식, 다양한 경험

# 끈기로 성적을 올려요

규범
탐구형

규범탐구형은 일정한 규칙과 원칙을 중시하는 규범형과 눈에 보이는 것마다 궁금함 투성이인 탐구형이 결합된 성격이다. 같은 규범탐구형이라도 어떤 사람은 규범이 탐구보다 더 높고, 어떤 사람은 탐구가 규범보다 더 높다. 다음 사례에 나오는 선우는 탐구보다 규범이 더 높은 아이다.

"선우야, 오늘 시험도 끝났는데 나가서 친구들이랑 놀다 와."
"엄마, 오늘 학원 과제도 많고 시험에서 틀린 문제도 확인해봐야 해요. 주말에 놀게요."

선우는 주어진 일에 빈틈이 없다. 또래 사이에서도 둘째가라면 서운할 정도로 매사에 차분하고 착실하다. 우선순위로 생각한 것을 다 끝내야 다음 할 일을 할 수 있다. 이처럼 규범탐구형 성격은 루틴을 가지고 효율적으로 움직이는 것을 합리적이라고 생각한다. 항상 가는 식당이 있고, 심지어 먹는 메뉴와 앉는 자리까지 매번 똑같은 경우도 있다. 정해진 대로 해야만 마음이 편하기 때문이다.

워런 버핏은 어려서부터 코카콜라를 마시는 게 일상이었다. 덕분에 워런 버핏의 투자 포인트에도 코카콜라가 있었다고 한다. 그는 규범탐구라는 성격답게 투자를 할 때도 자신만의 강한 원칙을 바탕으로 본인의 투자법을 연구하여 투자의 신으로 불리게 되었던 것이다.

### 원리 원칙과 공정함이 최우선!

규범탐구형의 기본 욕구는 도덕성과 냉철함이다. 늘 수치나 데이터를 객관적으로 분석하고 이성적으로 원리 원칙에 따라 정확하게 판단한다. 잘못된 것을 보면 상대가 누구이든 지적해야 속이 풀린다. 말할 때도 감정에 치우치지 않고 객관적 사실을 말한다. 이런 모습이 때로는 냉정하고 차갑게 느껴질 수도 있지만, 자신의 원리 원칙에 따른 공정함이 다른 사람에게 피해를 주지 않는다고 생각한다. 타인에게뿐만 아니라 자신에게도 엄격해서 자기 관리를 잘하는 유형이다.

## 자기 관리 최고인 전문가

규범탐구형은 타인에 대한 공감 능력이 뛰어난 편은 아니다. 그래서 자신의 의견을 말할 때도 이성적으로 간단명료하게 말하고, 다른 입장의 의견이 자신의 기준에 맞지 않는 경우 경시하는 태도를 보이기도 한다. 하지만 주어진 일은 100% 완벽하게 해내기 위해 끝까지 최선을 다하고 성과를 만들어 낸다. 자기주장이 강하고 정확하게 일을 처리하는 편이라 융통성이 부족해 보이기도 하지만 높은 책임감으로 '저 사람이 하는 일이라면 믿을 만하다'라는 평가를 받기도 한다.

규범탐구형은 정해진 일에 성실하게 임하고 집중력이 좋아서 학습 효과가 뛰어나며 관심 분야에서 전문가가 될 수 있다.

✔ 분석가    ✔ 행동절제
✔ 융통성 부족    ✔ 완벽함

장점: 책임감, 현실적, 논리적, 이성적
단점: 냉정함, 엄격함, 고집
보완점: 융통성, 공감 능력, 수용성

# 마음이 따뜻해요

규범
이상형

"만일 내게 어떤 기적이라도 일어나서 단 사흘만이라도 볼 수 있는 축복이 주어진다면 가장 친애하는 설리번 선생님을 찾아가 그분의 얼굴을 오랫동안 바라보겠습니다. 나를 가르치는 그 힘든 일을 성취한 그녀의 얼굴에서 친절과 인내심의 살아있는 증거를 찾아내 간직하고 싶습니다."

장애를 딛고 성공한 헬렌 켈러가 하버드 졸업식에서 한 말이다. 보지도 듣지도 말하지도 못하는 헬렌의 사연을 들은 설리번은 망설임이 없었다. 스물한 살 때 헬렌 켈러의 선생님이 된 설리번은 헬렌 켈러가 장애를 극복하기까지 따뜻한 마음으로 손과 발이 되어 주었다.

힘든 삶이 펼쳐질 것을 뻔히 알면서도 남을 위해 희생을 마다하지 않는 사람들은 성격의 영향이 크다. 마음이 여리고 따뜻해서 배려를 실천하는 이상형, 확고한 신념과 뚜렷한 원칙을 가진 규범형이 결합된 성격이 규범이상형이다. 이 유형의 사람들은 '남에게 한 일이 바로 나에게 한 것이다'라는 성경 속 예수님의 말처럼 남을 위한 일이 곧 나를 위한 일이라고 생각한다. 남들은 희생이라 말할 때 그들은 그것이 당연한 일이며 행복이라고 말한다.

## 남을 위한 일이 나를 위한 일

규범이상형은 인정 많은 외유내강형이다. 겉으로는 예의가 바르고 늘 밝고 친절해서 다른 사람에게 편안한 인상을 주지만 일을 할 때는 확고한 신념과 뚜렷한 원칙을 가지고 행동한다. 책임감이 강하기 때문에 자신에게 맡겨진 일은 어려움이 있어도 끝까지 인내심을 발휘한다.

규범이상형 아이들은 수줍음이 많다. 새학기가 되거나 새로운 환경에 놓이면 심장이 쿵쿵대며 떨리고, 전학과 같은 이동을 두렵게 느낀다. 발표할 차례가 되면 백지처럼 하얘져서 "네?, 저요?"라며 당황한다. 천천히 생각을 정리할 시간이 필요한 성격이다. 이런 모습이 소심해 보인다고 다그치면 상처를 받을 수 있다.

작은 것에도 세심하게 하나하나 체계적으로 신경 쓰다 보니 늘 시간이 부족하고 속도가 느리지만 실수는 적다. 따라서 한꺼번에 여러 가지 일을 하기보다는 주어진 일을 차례차례 처리하는 게 좋다.

## 지도자보다는 조력자

친구와 어떻게 잘 지낼 것인지에 대한 생각이 많아서 친구의 사정이나 감정을 이해해주고자 한다. 그래서 친구가 부탁하면 안 되는 상황에서도 거절을 못 하고 도와주느라 자기 일을 놓치기도 한다. 좋은 관계를 유지해야 한다는 생각이 앞서기 때문이다.

남을 위해 봉사하는 것이 기쁘고 헌신하는 것에 대해서는 인정받고 싶어 한다. 조용하면서도 책임감이 강하고 인정이 많다. 어린아이들을 대할 때도 권위 없이 대하고 상처받지 않도록 신경을 쓴다.

규범이상형은 많은 사람을 사귀지는 않지만, 소수의 사람과 친밀하고 깊게 사귄다. 조곤조곤 말하는 것을 좋아하고 남을 잘 챙기므로 상담 교사, 사회복지사 등 인간관계를 맺어야 하는 업무를 할 때 능력을 발휘할 수 있다.

규범
이상형

✔ 외유내강형　　✔ 자연친화적
✔ 차분함, 따뜻함　✔ 인정 욕구

장점: 모범적, 뚜렷한 원칙, 계획적, 배려, 헌신
단점: 불투명에 대한 불안감, 시험 공포
보완점: 목표를 짧게, 세밀한 계획, 칭찬과 인정

## Let's Break!

# 우리 가족의 성격을 찾아봐요: 성격 검사표

## ≡ 성격유형 알아보기

질문을 보고 자신에게 해당되는 칸에 체크한다.

(청소년 시절 기준으로 체크 – 성인 기준으로 할 경우 원래 성격에 교육받은 내용이 보완돼서 정확성이 떨어짐)

| A | 나 | 가족 |
|---|---|---|
| 활동적이고 다른 사람과 쉽게 친해진다. | | |
| 감정 표현이 솔직해서 다른 사람이 감정을 금방 알아차린다. | | |
| 성격이 급하고 문제 해결이 빠르다. | | |
| 순발력이 뛰어나지만 엉덩이가 들썩거려서 하던 일을 진득하게 하지 못한다. | | |
| 어떤 규칙이나 약속보다 내가 하고 싶은 일이 우선이다. | | |
| 가족보다 친구들과의 의리를 더 중요하게 생각한다. | | |
| 스케일이 크고 리더가 되는 것을 좋아한다. | | |
| 연극이나 역할놀이를 통해 학습하는 것이 좋다. | | |
| 화가 났다가도 즐거운 일이 생기면 금방 풀린다. | | |
| 활동적인 스포츠나 특별 활동에 관심이 많다. | | |
| 책으로 공부하는 것보다 체험학습, 현장학습을 더 좋아한다. | | |
| **체크한 A의 총 개수** | | |

40  독서왕 1급 비밀

| B | 나 | 가족 |
|---|---|---|
| 규칙이나 질서를 잘 지키려고 한다. | | |
| 여러 가지를 동시에 하기보다 하나씩 차근차근 하는 것이 좋다. | | |
| 부모의 결정에 잘 따르는 편이다. | | |
| 새로운 일을 시작할 때 뜸들이는 시간이 필요한 편이다. | | |
| 책임감과 완벽주의 성향이 있는 편이다. | | |
| 등교 시간이나 수업 시간에 늦지 않는다. | | |
| 창의적 수업보다 강의식 수업이 더 좋다. | | |
| 결과가 좋지 않을 때 실망하고 자신의 탓을 하는 편이다. | | |
| 어떤 상황이나 변화를 좋아하지 않는다. | | |
| 계획을 세워서 하는 것을 선호한다. | | |
| 원칙을 중요시하여 응용력이 떨어진다. | | |
| 체크한 B의 총 개수 | | |

| C | 나 | 가족 |
|---|---|---|
| 궁금한 것에 대해 질문이 많고 그것이 해결될 때까지 알고 싶어 한다. | | |
| 관심 분야는 몰두하지만 관심 없는 일을 할 때는 시간이 아깝다고 여긴다. | | |
| 잘하는 사람과 경쟁하는 것을 좋아하고 토론을 좋아한다. | | |
| 아는 척 잘난 척하는 것처럼 보여서 오해를 받을 때가 있다. | | |
| 생각하고 또 생각하느라 선택에 시간이 오래 걸린다. | | |
| 공부를 하면서 조용히 딴짓에 빠져 있기도 한다. | | |
| 하나의 주제에 대해 세부적으로 파악한다. | | |
| 단기기억과 장기기억이 좋은 편이다. | | |
| 논리적으로 잘 맞는 친구를 좋아해서 친구 관계는 단조롭지만 깊이 사귄다. | | |
| 나와 다른 사람에 대한 공감 능력이 약하다. | | |
| 주변 일에 비판적이어서 불평불만이 많은 사람처럼 보이기도 한다. | | |
| **체크한 C의 총 개수** | | |

| D | 나 | 가족 |
|---|---|---|
| 남에게 친절하고 배려를 잘한다. | | |
| 슬픈 장면이나 힘든 사람을 보면 눈물이 난다. | | |
| 경쟁하는 것을 좋아하지 않는다. | | |
| 친구가 나에게 잘못했어도 쉽게 이해해준다. | | |
| 감정이 풍부하고 인정받는 걸 좋아한다. | | |
| 상대에게 관심이 많고 다른 사람의 마음을 알고 싶어 한다. | | |
| 어떤 일에 자신의 감정을 이입시키고 상상을 많이 한다. | | |
| 가까운 사람에게 말하는 것은 좋아하나 새로운 환경에서는 긴장한다. | | |
| 상황 판단은 하지만 자신의 의사 표현을 바로 하지 않는다. | | |
| 사소한 칭찬에도 기분이 좋고 감동한다. | | |
| 공부할 때나 책을 읽을 때 딴생각이 많다. | | |
| **체크한 D의 총 개수** | | |

## ≡ 성격유형 결과

**A 행동형    B 규범형    C 탐구형    D 이상형**

표시 개수가 많이 표시된 유형이 나의 두드러지는 성격유형이다.

예) A-6개, B-4개, C-9개, D-7개 = 행동규범이상형

* 더욱 구체적인 결과를 알고 싶다면 연우심리개발원(www.iyonwoo.com)에서
  성격유형 검사를 받아보자.(유료)

special section

# Q&A

성격마다 답이 달라요

## Q&A: 나는 흔들리는 부모인가요?

이솝우화 '부자와 당나귀'에서 당나귀를 끌고 가던 아버지와 아들은 마을 사람들의 말에 따라 이리저리 행동을 바꾼다.

"에고, 어린 아들을 태워서 갈 일이지 왜 끌고 가누?"

"저런저런 애비는 걷고 아들은 타고 가다니 불효자네."

"애비와 아들이 같이 타고 가면 될 것 아니유."

"불쌍해라 당나귀 죽겠네."

결국 아버지와 아들은 당나귀를 이고 가다 물에 빠지고 만다.

참으로 어리석고 줏대 없는 부자의 모습이지만, 내 아이의 양육 방법에 관해서는 나도 당나귀를 이고 가는 아버지가 되기도 한다. 옆집 아이가 뭔가를 하고 있으면 내 아이도 시켜야 할 것 같고, 내 아이의 성향보다는 옆집 아줌마의 말을 신뢰해서 수시로 행동을 바꾸기도 한다.

### Q. 주변 사람들로 인해 흔들릴 때, 나는 어떤 선택을 하는 편인가요?

| 성격유형 | 부모의 반응 |
|---|---|
| 행동형 부모 | 행동형인 나는 생각보다 행동이 앞서기 때문에 좋다는 얘기를 들으면 아이에게 묻기보다 바로 실행해요. |
| 규범형 부모 | 규범형인 나는 신중하기 때문에 남들이 아무리 좋다고 해도 이것저것 고민하다가 내 선에서 마무리해요. |
| 탐구형 부모 | 탐구형인 나는 누군가에게 좋다는 얘기를 들어도 설득력이 없으면 쉽게 결정 내리지 않아요. |
| 이상형 부모 | 이상형인 나는 주변에서 좋다는 얘기를 들으면 쉽게 매료되어 감정적으로 선택하는 편이에요. |

### A. 부모가 흔들리지 않으려면 어떻게 하는 게 좋을까요?

- 남들이 좋다는 것에 기준을 두기보다 내 아이에게 맞는 기준을 세워 보세요.
- 내 아이가 무엇에 관심이 많은지 관찰하고 지속적으로 대화해야 해요.
- 경쟁의 불안함을 내려놓고 나만의 교육철학과 양육 태도를 확립해 보세요.

## Q&A: 아이가 방문을 닫기 시작해요.

고학년이 된 아이는 늘 바쁘다. 학교가 끝나고 학원까지 돌고 돌아오면 어느새 벌써 저녁 먹을 시간이다.

"잘 다녀왔어? 별일은 없었어?"

"그냥 그랬어."

밥을 다 먹은 아이는 방문을 쾅 닫고 들어가버린다.

늘 180도 활짝 열려 있던 아이의 방문인데 어느 순간에 90도, 또 어느 순간에 60도, 30도… 서서히 좁혀지던 문이 '탁'하고 닫힌다. 한번 닫힌 아이의 방문은 열릴 낌새를 보이지 않는다. 부모가 최고였던 아이도 초등 이후 사춘기에 접어들면 혼자 있는 것을 좋아한다. 그런 아이를 보고 있으면 방문이 아니라 마음의 문까지 닫힌 것처럼 서운함이 밀려온다.

## Q. 방문을 닫는 아이를 보며 나는 어떻게 하나요?
- 방문 닫은 아이를 바라보는 성격유형별 엄마의 마음 각도

| 성격유형 | 부모의 반응 |
|---|---|
| 행동형 부모 | 행동형 부모는 자신이 자유로움을 좋아하기 때문에 아이의 자유로운 행동에도 크게 반응하지 않고 자신이 좋아하는 일을 하느라 바빠요.<br>"너 왜 문 닫았냐? 닫고 싶으면 더 꽉 닫아. 에구 조용하다!" |
| 규범형 부모 | 규범형 부모는 아이를 키울 때 규범적으로 키웠기 때문에 아이의 변화를 이해하지 못하고 받아들이기 어려워 해요. 서운하면서도 자책을 하죠.<br>"내가 저렇게 안 키웠는데 애가 왜 저렇게 됐지? 내가 뭘 잘못했나? 무슨 일이야?" |
| 탐구형 부모 | 탐구형은 강압적이고 직설적이어서 자기가 원하는 방향으로 말하고 눈치를 보지 않는 성향이에요. 공감 능력이 떨어져서 아이의 마음이 어떻든 별로 신경을 안 쓰기도 해요.<br>"당장 열어라. 문을 떼어 버린다." |
| 이상형 부모 | 이상형 부모는 문 닫는 아이의 눈치를 보며 뭔가 서운한 게 있어서 그런가 싶어 노심초사입니다. '왜 이렇게 닫고 있어? 별일 없겠지? 노크를 해볼까?' 마음을 졸이며 소심해지죠.<br>"아들아, 뭐 먹고 싶어? 과일 줄까?" |

## A. 방문을 닫는 아이, 해결법은 무엇일까요?

- 방문의 각도가 좁혀지는 것은 건강함의 상징이고 자기만의 세계가 열리는 것임을 인지해야 합니다. 아이는 엄마와 함께 채웠던 시간을 뒤로 하고 방문 너머 나만의 생각이 영글어지는 시간을 보내고 있을 뿐이에요. 서서히 자기 세계가 열리며 가족보다는 친구가 좋은 것이 극히 자연스러운 일이죠.

- 아이의 변화를 수용하고 기다려줘야 해요. 성장하는 아이의 시간은 엄마로부터 전체를 채웠던 것에서 이분화될 뿐입니다. 반은 친구, 반은 혼자 있는 시간으로 분배하는 거예요.

- 아이의 성격에 맞게 편하게 받아들이는 연습이 필요해요. 내가 가장 잘 안다고 생각한 아이가 문득문득 낯설어 보여도 언젠가는 닫힌 문이 다시 열리는 시기가 분명히 있지요. 내 아이의 방문 각도가 아닌 부모의 마음 각도는 몇 도인가요?

## Q&A: 칭찬도 제각각 달라야 할까요?

"글씨를 제대로 배우지도 못했는데 두 개는 어떻게 맞힌 거니? 놀라운데." 받아쓰기에서 두 개를 맞고 풀이 죽어 걱정하던 아이에게 부모의 적절한 칭찬은 두고두고 활력소가 된다. '좋은 칭찬은 두 달을 살 수 있게 한다.'라는 마크 트웨인의 말처럼 칭찬은 누구에게나 힘이 되고 긍정적인 에너지를 뿜어내게 한다. 하지만 칭찬은 어떻게 하느냐에 따라서 득이 되기도 하고 독이 되기도 한다. 부모와 아이의 성격유형이 비슷하면 부모의 칭찬을 아이가 그대로 받아들이지만, 서로 다른 성격유형이라면 칭찬을 받아들이는 것도 다르다. 만약 아이가 시험에서 1등을 했다면 그 상황에서 내 아이에게 어떤 칭찬을 해줄 것인지 잠시 칭찬을 떠올려 보자.

## Q. 나는 어떤 방식으로 칭찬하는 부모인가요?

| | |
|---|---|
| 행동형 부모 | 행동형의 부모는 칭찬할 때도 과하게 리액션을 취합니다. 자유롭고 즉흥적인 자신의 기분대로 목소리의 톤을 높이고 동작도 요란해요. 무엇을 어떻게 잘했는지 보지도 않고 무조건 잘했다고 하죠. "오구오구, 우리 딸 너무 잘했어! 역시 우리 딸 최고! 뭐 사줄까?" 행동형 아이는 부모의 칭찬에 박자를 맞추며 날아갈 듯 신나하지만 다른 성격을 가진 아이는 지나치고 성의 없는 칭찬이라고 느낄 수 있어요. |
| 규범형 부모 | 규범형 부모는 꼼꼼하고 원칙을 중요시하는 성격유형이기 때문에 아이도 그래 주기를 바라요. 아이가 과정을 성실히 수행한다면 한없이 너그러워지기도 하죠. "성실히 했으니 잘한 거야. 그렇게 하다 보면 결과도 잘 될 거야." 규범형 아이는 부모가 자신을 잘 이해해주는 것이 좋고 다음에 더 잘하겠다는 다짐을 해요. 그러나 다른 성격을 가진 아이라면 이게 칭찬인지 야단인지 구분이 잘 안 되기도 해요. |
| 탐구형 부모 | 탐구형 부모는 아이가 잘하거나 못하거나 관계 없이 자신의 기준에 의해서 평가를 해요. "전체적으로는 참 잘했는데, 이 부분은 더 진한 색을 좀 칠하고 여기는 좀 더 크게 그려보면 더 돋보일 것 같은데..." |

| 탐구형 부모 | 탐구형 아이는 부모의 구체적인 조언을 긍정적으로 받아들이지만 다른 성격을 가진 아이는 '그냥 잘했다고 칭찬해주면 안 되나?'라는 반문이 생기고 칭찬보다는 평가받는다는 생각이 더 커요. |
|---|---|
| 이상형 부모 | 이상형 부모는 공감 능력이 뛰어나고 마음이 따듯해요. 따라서 내 아이가 인간관계에서 인정받고 행복하기를 바라죠. 아이가 뭔가 잘 하는 게 보이면 그 자체만으로도 예쁜 말로 칭찬하고 인정해줘요. "너무 잘하려고 힘들게 애쓰지 않아도 돼. 네가 행복하니 엄마도 덩달아 기분이 좋아." 이상형 아이는 부모가 자신을 있는 그대로 인정해주는 것 같아서 부모의 칭찬 한마디가 달콤하게 느껴져요. 다른 성격을 가진 아이는 그런 칭찬이 좋기도 하지만 때로는 무조건적인 것 같아서 부담스럽기도 해요. |

## A. 성격유형별 칭찬, 어떻게 해야 할까요?

• 행동형 아이는 즉각적으로 반응하는 아이들이기 때문에 다른 사람의 반응이 긍정적일 때 자신이 이해받고 있다고 느끼고 만족도도 커요. 하나만 알아도 다 안다는 식으로 자신감이 넘치기 때문에 일일이 지적하기보다 활달한 성격 그 자체를 칭찬해야 해요. 행동형 아이가 자꾸 지적을 당하면 이빨 빠진 호랑이가 됩니다. 행동형 아이의 성격을 이해하며 강점을 칭찬해주세요. 행동형 아이는 행동형 부모를 만날 때 행복해요.

• 규범형 아이는 누가 뭐라고 하지 않아도 책임감이 강하고 무엇이든 잘하고 싶어 해요. 그러므로 결과에 대한 칭찬보다는 아이의 수고와 과정을 칭찬해주는 게 좋아요. 완벽하지 않아도 충분히 의미가 있다는 메시지를 전달하고 잘잘못의 평가 기준을 드러내지 않는 칭찬이 좋아요.

• 탐구형 아이는 행동형 부모처럼 요란하게 칭찬해주면 별로 즐겁지 않아요. 과장된 칭찬보다 사실에 대해 세밀한 칭찬을 받고 싶기 때문이에요. 따라서 결과에 대한 칭찬을 충분히 해주고 과정이 어땠는지 들으며 세부적으로 칭찬해주는 게 설득력있어요.

• 이상형 아이는 이타심이 높아서 자신도 공감받고 있다고 느끼는 칭찬을 좋아해요. 자신이 남을 행복하게 해주는 존재라고 느끼는 칭찬을 들을 때 자존감이 올라가고 동기가 생깁니다. 이상형 부모를 만나면 만족도가 높지만, 탐구형 부모를 만나면 칭찬에 목말라하는 아이가 되기도 해요. 긍정적인 행동이 보일 때마다 칭찬을 해주는 게 이상형 아이의 자존감을 높여주는 방법이에요.

## Q&A: 학교 가기 싫은 이유는 뭔가요?

아이들은 학교, 학원, 숙제, 놀이 같은 일상 속에서 하고 싶은 일과 해야 하는 일 사이에서 끊임 없는 줄다리기를 하게 된다. 이럴 때 읽히면 딱 좋은 책이 〈조커, 학교 가기 싫을 때 쓰는 카드〉 이다. 책 속의 노엘 선생님은 아이들에게 조커 카드를 만들어서 나눠준다. 잠자리에서 일어나고 싶지 않을 때 쓰는 카드, 학교에 가기 싫을 때 쓰는 카드, 지각하고 싶을 때 쓰는 카드, 수업 내 용을 듣고 싶지 않을 때 쓰는 카드 등 아이들의 마음을 쏙 빼놓는 조커 카드들이 한가득 들어 있 다. 책 속의 노엘 선생님이 만든 카드를 보면 발상 자체가 무척 자유롭고 재미있다. 아이들에게 가장 마음에 드는 조커 카드는 단연코 학교 가기 싫을 때 쓰는 카드이다.

### Q. 아이들이 학교 가기 싫은 이유는 무엇일까요?

| 성격유형 | 아이들의 반응 |
|---|---|
| 행동형 아이 | 행동형 아이는 생각이 통통 튀고 학교 가는 게 즐거워요.<br>"쉬는 시간이 너무 짧아요. 공부 시간과 쉬는 시간을 바꾸면 딱 좋아요." |
| 규범형 아이 | 규범형 아이는 조커 카드가 좋으면서도 규칙 없이 마음대로 사용하면 공 부를 제대로 배울 수 없을 것 같아 불안해요.<br>"조커 카드를 다 쓰면 난리가 날 것 같아요. 카드 규칙을 정해야죠?" |
| 탐구형 아이 | 학교에서 이것저것 다 배워야 하는 게 이해되지 않고 싫어하는 과목을 배 울 때는 빨리 집에 가고 싶어요.<br>"1교시부터 5교시까지 수학 시간이면 좋겠어요. 다른 과목은 졸려요." |
| 이상형 아이 | 인정욕구가 강한 성격으로 친구나 선생님과의 관계에서 서운한 마음이 들면 학교 가는 것이 즐겁지 않아요.<br>"선생님이 우리들 마음을 너무 몰라줘요. 친구들 때문에 가기 싫어요." |

### A. 학교 가기 싫은 아이를 이해하려면 어떻게 해야 할까요?

- 학교 가기 싫은 이유도 성격에 따라 제각각임을 인지하는 것이 우선이에요.
- 학교 가기 싫은 이유를 들어주고 해결법에 대해 대화해야 해요.
- 매일 만나는 선생님의 성격에 따라 학교 생활의 흥미도 다를 수 있어요.

# 2

성격유형과
독서의
상관관계

# 성격유형은 독서와 관련이 있나요?

책 읽기는 전두엽을 두드리는 행위이며 책을 읽고 생각하는 가운데 뇌 속에서 시냅스가 연결된다. 다독으로 저장해 둔 단서들은 필요한 어느 순간에 탁 떠오르고 그 영감을 잡아서 게임이나 그림, 시나리오 작품을 구성할 때 똑똑하게 표현해낼 수 있게 한다. 많은 사람들에게 읽혀 온 그리스로마 신화를 그 예로 들 수 있다. 그리스 시대 사람들이 느끼고 사고한 것들이 서양 인문고전의 시작이 됐고 지금도 게임의 소재가 되고 있다. 수 세기 동안 다양한 분야의 창작자들에게 영감을 주고 있는 셈이다. 이처럼 독서는 자신의 한계를 뛰어넘어 다양한 분야의 교집합을 만들고 훌륭한 작품을 탄생시킬 힘을 발휘하게 한다.

그뿐만 아니라 독서는 간접 경험을 통해 자신의 삶을 변화시키고 성장하게도 한다. 책만 읽는 바보라 해서 간서치라고 불린 조선 시대 문인 이덕무는 서자라는 이유로 능력을 발휘할 수 없었다. 하지만 책을 읽으며 위로받고 즐거움을 느껴 규장각 검서관으로 강진에 진출한다.

책을 읽는 사람이든 읽지 않는 사람이든 독서의 중요성은 알지만 실천이 쉽지 않다는 게 늘 아쉬움으로 남는다. 동네 도서관이 늘어나면서 책을 접할 기회는 많지만, 고학년만 되면 독서는 우선순위에서 밀린다. 공부할 양이 증가하고 관심거리가 많아지면서 저학년 때 책을 읽었던 아이들도 학년이 올라갈수록 책과 서서히 멀어진다. 영어나 수학과 달리 독서는 당장 하지 않아도 학습에는 별 영향이 없다는 생각이 커지고 집중을 요하는 독서가 귀찮음으로 다가오기도 한다.

아이들의 독서 지도를 하는 우리는 이런 문제를 해결하기 위해서 어떻게 하면 아이들이 좀 더 독서와 가까워질 수 있을지 연구했다. 그래서 찾은 것이 성격유형별 책 읽기 전략이다. 성격유형에 따라 생각과 행동의 패턴이 다르듯이 독서에서도 성격유형에 따라 선호하는 책이 다르고, 책 읽는 시간도 다르고 책을 읽어내는 힘도 다르며 독후활동에서의 반응도 제각각이다.

내 아이가 책을 가까이하면서 생각이 깊어지기를 바란다면 무조건 책을 읽으라고 할 것이 아니라 아이의 성격을 알고 아이의 특성에 맞는 독서를 시켜 보자. 2장에서는 앞에서 분석한 성격유형을 중심으로 개인의 성격유형이 독서에 어떻게 영향을 주는지 사례와 연결지어 해결법을 제시했다.

# 독서도 재미있는 놀이예요

"〈내 짝꿍으로 말할 것 같으면〉 책 평가 몇 점 줄 거니?"

"5점 만점에 4.5점요."

"저는 4.9점요."

"저는 5점 만점에 3점요. 앞부분은 좋았는데 뒷부분은 복잡해서 재미 없었어요."


아이들과 책 수업을 할 때 책에 대한 평가를 하자고 하면 평점이 제각각이다. 이것 하나만으로도 아이가 책을 어떻게 읽었는지 알 수 있다. 규범형이나 탐구형 아이는 책 내용에 포인트를 맞추지만 행동형 아이는 책이 주는 교훈이나 배움보다는 놀이 활동에 초점을 맞춘다.

### 마무리가 약해요

행동형 아이는 글이 많은 책보다 그림이 섞인 책을 즐기고 책에 있는 그림의 동작을 행동으로 따라하기도 한다. 책을 고를 때도 웃긴 그림이나 엉뚱한 재미의 책을 선호한다. 한 권의 책에 푹 빠져서 우선순위로 해야 할 다급한 일도 미뤄놓고 깔깔댄다. 그러다가 재미있어 보이는 또 다른 책이 보이면 읽던 책은 던져놓고 새로운 책에 눈길을 돌린다. 이러다 보니 행동형 아이는 독서에 대한 계획을 세워도 엉덩이가 들썩거리고 산만하다.

행동형 아이는 자유롭고 외향적이기 때문에 대충대충 빨리하는 것에 익숙하다. 그래서 책도 대충 읽는 경우가 많다. 책을 다 읽었다고 자신감 넘치게 대답하지만, 책 앞부분의 내용만 알고 뒷부분은 얼버무리기도 하고, 방금 읽은 책에 대해 물어도 책 속의 인물이나 내용을 까맣게 잊어버리고 그런 내용이 있었냐며 기억이 안 난다고 말한다. 이런 경우 책에 메모지를 붙여서 기록하면 책 속의 인물이나 사건을 기억하는 데 도움이 된다.

## 행동형 아이의 독서 솔루션

첫째, 아이가 주체가 될 수 있도록 매일매일 독서나 공부량을 아이와 함께 정하고 스스로 체크할 수 있게 표를 만들어 주자. 이 과정은 번거로울 수도 있지만, 부모가 아이의 일정표를 점검하고 칭찬과 보상을 통해 자유로움과 자존감을 살려줄 수 있어 효과적이다. 행동형 아이에게 네 맘대로 하라고 하면 진짜 자기 맘대로 해서 독서와 공부에 몰입해야 하는 고학년 때 후회할 일이 생기게 된다.

둘째, 책 속의 인물 중에서 자신과 비슷한 성격을 가진 행동형의 인물을 찾아 스스로 비교해 보게 하자. 예를 들어 〈조커, 학교 가기 싫을 때 쓰는 카드〉를 읽고 등장인물의 행동이 어떻게 느껴졌는지, 나의 행동과 비슷한 점은 무엇인지, 나는 왜 그런 행동을 하는지, 고치고 싶은 점이나 나에게 적용시키고 싶은 것이 있는지 등 자신의 행동이나 모습을 스스로 인지해 볼 기회를 주는 것이다. 이때 아이가 조금 서툴어도 등장인물, 책 내용을 말하는 동안 진득하게 들어주고 책 내용과 어휘에 대한 퀴즈를 내서 적극적으로 참여하게 하자.

| 책 제목 | 아이가 좋아하는 책으로 선정한다.<br>예) 조커, 학교 가기 싫을 때 쓰는 카드 |
|---|---|
| 등장인물 | 칭찬하고 싶은 인물 한 명을 고른다.<br>예) 노엘 선생님 |
| 칭찬하고<br>싶은 점 | 1. 칭찬하고 싶은 점을 실천카드에서 찾아본다.<br>　예) 유머, 공감, 행복, 지혜, 자율<br><br>2. 고른 카드의 의미와 칭찬하고 싶은 이유를 나눈다.<br>　예) 유머, 지혜<br>　　- 선생님의 아이디어가 재치 있고 한 마디 한 마디의<br>　　　말이 지혜롭고 유머가 느껴진다.<br>　　공감, 행복<br>　　- 학교 가기 싫을 때 노엘 선생님의 카드를 쓸 수<br>　　　있다면 마음이 아주 편해지고 행복해질 것 같다. |
| 나에게 적용 | 노엘 샘과 비슷한 점은?<br>예) 공감<br>　- 나도 선생님처럼 다른 사람들과 함께하고 마음을<br>　　알아주는 것이 좋다.<br><br>노엘 샘과 다른 점은?<br>예) 유머<br>　- 노엘 선생님은 아이들보다 더 신나고 장난치는 걸<br>　　좋아할 것 같다. |
| 배울 점 | 예) 노엘 선생님이 카드를 만들어서 아이들의 힘든 마음을<br>　　알아주는 것과 카드를 만들어 도와주는 것이 인상적이<br>　　었다. 아이들을 행복하게 만들어준 것을 보면서 나도<br>　　누군가의 힘든 점을 공감해주고 원하는 것이 무엇인지<br>　　알아봐주며 할 수 있는 것들을 함께 하고 싶다. |

셋째, 읽은 책에 대해 대화(하브루타)를 하자. 행동형 아이들은 반복적이거나 정해진 방식대로 하는 것을 싫어하기 때문에 재미있고 다양한 방법으로 책 속에서 새로운 것들을 발견하는 재미를 느낄 수 있도록 도와줘야 한다. 창의적인 성격을 활용해 책을 다 읽은 후 마지막 장에 한 페이지를 덧붙여서 다음 이야기를 마음껏 상상하며 써보는 것도 좋다. 아이가 쓴 글을 칭찬해주면 자신감도 높아지고 아이의 강점들을 마음껏 발휘하는 기회가 되기도 한다.

*point!*
1. 책을 읽기 전에 아이의 성격 특성을 한번 짚어주자.
2. 목표를 정확하게 알려준 다음 자율성을 최대한 인정해주자.
   (매일매일 독서나 공부량을 아이와 함께 정하고 스스로 체크할 수 있게 표를 만들어주고 지킬 경우 칭찬과 보상을 주자.)
3. 책 속 인물을 찾아 칭찬하고 싶은 점, 나에게 적용시킬 점을 카드를 활용하여 이야기 나눠보자. ( 예시 등장인물 칭찬하기 참고)
4. 책 내용을 말할 때 적극적으로 들어주고 책 내용으로 퀴즈 놀이와 엔딩 스토리 쓰기 활동을 하자.

# 행동형 아이가 읽으면 좋은 책 ─────────

「**만복이네 떡집**」(김리리 글, 비룡소, 1~2학년)
입만 열면 부정적인 말을 하던 만복이는 우연히 만복이 떡집을 만나게 되고 긍정의 언어가 불러오는 행복을 알아간다.

「**조커, 학교 가기 싫을 때 쓰는 카드**」(수지 모건스턴 글, 문학과지성사, 2~3학년)
새학기 새롭게 만난 늙으신 선생님에 대해 크게 기대하지 않았던 아이들. 하지만 선생님의 자유롭고 창의적인 조커 카드를 통해 학교생활에 흥미를 느끼게 되고 수업에도 적극적으로 참여하게 된다.

「**잔소리 없는 날**」(안네마리 노르덴 글, 보물창고, 2~3학년)
자유로운 아이 푸셀은 부모님으로부터 잔소리 없는 날 하루를 허락받는다. 하지만 자유를 만끽함과 동시에 예상치 못한 난관에 부딪치게 된다.

「**편의점 비밀 요원**」(박주혜 글, 창비, 2~3학년)
상상만 해도 미소가 지어지는 3편의 이야기다. 지구인을 염려해 도와주는 비밀 요원들, 새로운 친구를 만나 두렵고 떨리는 마음을 도와주는 외계인, 방학 때 겪게 되는 여러 상황에서 수많은 상상을 하며 우정과 용기를 얻는 책이다.

「**무툴라는 못 말려**」(베벌리 나이두 글, 국민서관, 3~4학년)
미국으로 건너온 아프리카 노예들에 의해 전해진 아프리카 옛이야기다. 많은 동물들이 등장하며 여러 사건이 발생하는데 작고 영리한 산토끼 무툴라는 그때마다 재치와 지혜로 대처한다. 자신보다 힘세고 못된 동물들을 다양한 방법으로 골려주는 장면들이 재미있다.

## 「소리 질러, 운동장」 (진형민 글, 창비, 5~6학년)

판정이 불리하다고 말했다가 야구부에서 쫓겨난 김동해와 여자라는 이유로 야구부에 들어가지 못하는 공희주는 막야구부를 만든다. 그런데 야구부 감독이 진짜 야구부에 방해가 된다며 손바닥 만한 운동장에서만 놀라고 협박을 한다. 아이들은 머리를 짜서 아이디어를 내고 대동단결하여 지혜롭게 문제를 해결해나간다.

## 「닭답게 살 권리 소송 사건」 (예영 글, 뜨인돌어린이, 5~6학년)

단편들의 전개가 다양한 형태로 이루어져 있다. 메일 주고받기, 일지 기록, 재판 중계, 편지글 등. 내용도 다양하다. 유기견 이야기, 동물원 동물, 실험동물, 산란닭, 경주마, 모피 동물 등. 동물 복지에 대한 이야기들을 통해 인간중심에서 바라보는 현실을 되돌아보게 한다.

# 책도 천천히 꼼꼼하게 읽어요

규범형

"민지야, 하브루타(텍스트에 대한 질문과 대화) 하자."
"아직요. 좀 더 있다가요."

모둠 친구들이 자신을 기다리고 있다는 것을 아는 민지는 시간을 재서 하는 활동이 부담스럽다. 민지는 규범형의 성격을 가졌다. 매사에 신중하고 꼼꼼하여 돌다리도 두들겨 보고 건너야 하는 유형이다. 독서를 할 때도 성실하다. 정독을 해야 마음이 놓이는 편이라 한 글자 한 글자 꼼꼼히 읽느라 속도가 느리다.

## 시작이 어려워요

책을 읽고 질문을 만들 때도 마찬가지다. 수업 시간에 즉흥적으로 질문을 만들라고 하면 다른 유형에 비해 오래 걸린다. 생각을 정리할 시간이 필요하기 때문이다. 그래서 누군가에게 빨리 좀 하라는 소리를 들으면 당황스러워한다.

자기소개나 발표를 할 때도 다른 사람이 먼저 시작한 후 나중에 하는 게 편하다. 잘해야 한다는 생각 때문에 시작이 어려운 유형이다. 또한, 주어진 틀이 없이 알아서 하라고 하면 어떻게 해야 할지 난감해하며 긴장감이 올라가서 자신의 에너지를 마음껏 발휘하기가 힘들다.

규범형 아이는 자기 일에 대한 책임감이 있어서 특별한 일이 아닌 이상 숙제를 빼먹는 일은 거의 없다. 그러나 속도가 느리기 때문에 공부량이 많아질 때 버거워한다. 하기 싫어서가 아니라 하고 싶은데 시간이 부족해서 완성을 못 하고, 공부할 게 밀리다 보니 독서는 더욱 후순위로 밀리기도 한다.

## 규범형 아이의 독서 솔루션

첫째, 규범형 아이에게는 무한한 기다림이 필요하다. 행동형 아이가 뭐든 빠르고 실수를 의식하지 않는 반면, 규범형 아이는 차분하고 성실해서 늦더라도 끝까지 완성해야 직성이 풀린다. 규범형 아이는 책을 읽을 때도 글을 쓸 때도 공부할 때도 빨리하라고 재촉하기보다 충분히 기다려줘야 한다. 그래서 규범형 아이는 어릴 때 여유 있는 시간을 확보하고 충분한 연습을 통해 정속독과 정리하는 방법을 습득해야 한다. 그래야 고학년이 되었을 때 시간이 부족해서 뒤처지는 일 없이 학습과 독서를 잘 병행해 나갈 수 있다.

둘째, 책을 읽고 정리할 때도 다양한 예시를 들어주고 구체적인 틀을 제공해주자. 이렇게 할 수도 있고 저렇게 할 수도 있다는 예시가 있으면 쉽게 접근할 수 있고 시간을 줄일 수 있다. 독후활동으로 글을 쓸 때도 자유롭게 생각이 떠오르는 대로 쓰라고 하기보다 수업한 내용을 어떻게 세부적으로 끌어다 쓸 것인지를 알려주어야 한다. 예를 들면 한 권의 책을 읽고 등장인물을 분석한 내용, 감정카드로 나눈 내용, 질문으로 하브루타 한 내용을 메모하면서 세부적인 부분을 인지하도록 한다. 그 후에 세부적인 내용을 연결하는 법을 알려주면 쉽게 받아들인다.

규범형은 한 번에 전체적인 것을 보기보다 하나하나 세심하고 촘촘하게 알려줄 때 효과가 빠르다. 그리고 이런 훈련이 쌓이면 나중에는 독서나 학습에서도 스스로 정리하는 힘이 생긴다.

**예시** 서평 쓰기

| 책 제목 | 퓨마의 오랜 밤 |
|---|---|
| 책 소개 | 책의 줄거리를 2~3문장으로 간략하게 소개한다.<br>예) 주인공 억새가 동물원 우리에 사는 퓨마에게 초원을 힘차게 달리는 꿈을 심어주면서 자신도 상처를 극복하고 꿈을 찾게 된다. |
| 작가 소개 | 작가가 이 책을 쓰게 된 동기가 무엇인지 쓴다.<br>예) 작가 박현숙은 2018년도 동물원에서 탈출한 퓨마 사건의 보도를 보면서 구경꾼들 때문에 몸살을 앓는 동물원의 실태를 상상하게 된다. 그리고 이 사건 뒤에 숨겨져 있을 법한 이야기를 쓰게 되었다고 한다. |
| 인상적인 장면 | 책에서 가장 인상적인 장면이나 인물을 찾고 거기에서 느낀 점과 알게 된 점을 쓴다.<br>예) 억새가 동물원의 퓨마를 찾아가서 초원을 달리는 퓨마의 영상을 보여줄 때가 인상적이었다. 퓨마가 어떤 존재인지 무엇을 할 수 있는지 알려주려는 억새의 모습이 감동되었다. 동물원 퓨마는 태어나서 초원을 한번도 본 적이 없기 때문에 초원에서 달리는 퓨마처럼 달리고 싶다는 꿈을 갖게 됐을 것 같다. 물론 당장 초원으로 갈 수는 없지만 자신이 할 수 있는 것들이 무한하다는 용기를 얻고 힘이 되었을 것 같다. |
| 추천하기 | 이 책을 추천하고 싶은 사람을 쓴다.<br>예) 동물들을 함부로 학대하는 사람들에게 추천해주고 싶다. 사람들이 동물들에게 피해주지 않고 함께 행복하게 살 수 있는 방법에 대해 생각해볼 수 있을 것 같다. |

셋째, 어려서부터 창작동화로 다독을 하는 것이 좋다. 규범형 아이는 읽는 속도가 느린 편이므로 좋아하는 한 권의 책을 여러 번 반복하면서 전체적인 흐름과 어휘를 익히게 하는 것이다. 그런 책이 많아질수록 빠르게 읽는 능력이 길러진다. 규범형 아이는 하루 분량만 정해주면 같은 유형의 과제가 반복돼도 성실하게 해낸다. 규범형 아이에게 반복은 불안감을 줄이고 집중력을 높여주는 요소이다.

*point!*
1. 책을 읽기 전에 아이의 성격 특성을 한번 짚어주자.
2. 독서나 글쓰기 활동 시 예를 들어주고 모방할 틀을 마련해주자.
3. 빨리하라고 재촉하기보다 느긋하게 기다려주자.
4. 한 권의 책을 여러 번 반복해서 빠르게 읽는 능력을 키워주자.

# 규범형 아이가 읽으면 좋은 책

### 「달려라 은총아」 (고정욱 글, 밝은미래, 2~3학년)
여섯 개의 희귀 난치병과 불치병을 갖고 태어난 은총이가 힘든 수술과 치료를 견뎌 내고, 아빠와 함께 철인3종경기에 도전한다. 이 책에는 특별한 아이 은총이의 성장 과정과 은총이를 위해서라면 무슨 일이든 해내고야 마는 철인 엄마 아빠의 애틋한 사연, 그리고 은총이에게 꿈과 희망을 선물한 고마운 사람들의 이야기가 담겨 있다.

### 「퓨마의 오랜 밤」 (박현숙 글, 노란상상, 2~3학년)
한 동물원에서 일어났던 실제 퓨마 사살 사건을 모티브로 만들어진 책이다. 주인공 억새는 동물원에서 만나게 된 퓨마에게 초원을 달리는 꿈을 심어주며 자신도 꿈을 찾아가지만 결국 퓨마는 죽고 만다.

### 「꽝 없는 뽑기 기계」 (곽유진 글, 비룡소, 2~3학년)
부모님을 잃은 충격으로 마음에 상처를 가지게 된 희수는 꽝 없는 뽑기 기계를 둘러 싼 사건과 사람들을 통해 마음이 회복되고 건강한 일상으로 돌아가게 된다.

### 「일곱 번째 노란 벤치」 (은영 글, 비룡소, 3~4학년)
할머니와 이별한 지후가 공원 노란 벤치에서 많은 이웃들을 만나고, 도움을 받으며 마음의 상처를 회복해가는 내용이다. 우리 주변에서 일어날 법한 공감 어린 에피 소드를 작품 속 여기저기에 심어두어, 마치 한 편의 따스하고 잔잔한 단편영화처럼 이야기를 전개해나간다.

### 「일곱 발, 열아홉 발」 (김해우 글, 푸른책들, 3~4학년)
모두가 행복한 세상을 만들고 싶다는 작가의 바람이 담겨 있는 책. 자신의 유익만 챙기려는 이기적인 마음이 나는 물론이고 주변 사람에게도 얼마나 불편함을 주는지를 깨닫게 한다.

### 「이젠 비밀이 아니야」 (유정이 글, 푸른책들, 3~4학년)

작가는 사회적으로 공론화하기에는 무거운 주제 '입양'을 동화책으로 담아냈다. 새 부모를 만나는 과정부터 아기를 낳지 못해 입양을 고민하는 이야기까지 자연스럽게 입양에 대해 다시 생각해 보게 하는 책이다.

### 「깡통 소년」 (크리스티네 뇌스틀링거 글, 미래엔아이세움, 4~5학년)

공장에서 만들어진 깡통 소년은 배달 사고로 혼자 사는 바톨로티 부인에게 잘못 배달된다. 공장에서는 규격화된 대로 규칙을 지키는데 자유분방한 바톨로티와 이웃집 친구 키티의 도움으로 깡통 소년은 서서히 그 틀에서 벗어나 어린아이다운은 모습으로 돌아온다.

# 백과사전도 파고드는 호기심 천국

탐구형

스카우트 활동에서 혜지는 어떤 모둠에도 선택받지 못했다. 친구들과 협업하는 것보다 자신이 관심 있는 것에만 신경을 쓴다는 이유 때문이었다.

"혜지야 스카우트에서 별일 없었니?"
"네. 재미있었는데, 왜요?"

혜지는 친구들의 염려와는 달리 무리 지은 개미들에게 비누방울을 떨어뜨리고 반응을 관찰하느라 친구들이 자기를 따돌린다는 사실도 알아채지 못했던 것이다. 혜지같이 단일 탐구 유형인 아이는 다른 성격보다 '왜?'라는 질문을 많이 하고 자신이 알고 있는 것에 대해서 논리를 관철하고자 한다. 논쟁을 펼칠 때 고집쟁이처럼 보이기도 해서 때로는 오해를 사기도 한다. 흔히 아이의 몰입도가 높으면 참 좋겠다고 생각하지만, 탐구형은 좋아하는 분야에만 몰입하는 유형이기 때문에 자칫하다간 너무 한쪽으로만 치우칠 수도 있다.

## 선호도가 분명해요

탐구형 아이는 독서에서도 좋아하는 분야가 뚜렷하다. 창작동화만 뽑아오는 아이, 자연과학 책만 뽑아오는 아이. 조금만 관심을 두고 살펴보면 아이가 어떤 분야를 선호하는지 쉽게 알 수 있다. 탐구형 아이에게 관심 분야의 책은 백과사전처럼 두꺼워도 문제될 게 없다. 오히려 책에서 알게 된 지식을 정리하며 뿌듯해한다. 자신의 관심 분야에 폭넓은 지식을 가진 상대를 만나면 자기가 알고 있는 내용을 풀어내며 신이 나곤 한다. 아는 재미가 점점 증진하는 시간이기 때문이다.

그러나 호기심을 자극하는 책이 아니면 관심이 없다. 완독을 했음에도 책에 대해 그저 그렇다고 평가한다. 학교에서도 좋아하는 과목에만 집중하는 편이고, 숙제가 있어도 하고 싶은 숙제만 하고 나머지는 미루고 미루다 어쩔 수 없이 대충한다. 본인이 납득할 수 있거나 정한 규칙에 따라서 공부하길 좋아하고 다른 사람이 지시하거나 통제하는 것을 싫어한다. 좋고 싫음이 분명하기 때문에 자신의 주장이 옳다고 생각하면 다른 사람의 의견에 쉽게 동조하지 않는다.

글쓰기를 할 때도 자신이 이미 알고 있다고 생각하면 "다 아는데, 왜 써요?"라는 반응을 보이며 쓰기 귀찮아 한다. 토론할 때도 상대의 의견에 공감하고 수용하기보다는 논리성을 내세우며 비판하거나 자신의 주장을 계속 주지시켜 상대방의 심기를 불편하게 하기도 한다. 책에 대해 토의할 때도 등장인물의 갈등에 대해서는 질문하지 않는 편이다. 감정보다 이성이 앞서는 성격이기 때문이다.

## 탐구형 아이의 독서 솔루션

첫째, 탐구형 아이가 끝없는 질문을 한다면 귀찮아 말고 성의있게 답해주자. 아이가 자꾸 질문하는 것은 그 분야에 관심이 있다는 것이고 알고 싶은 욕구를 채우고 싶을 때라는 신호이다. 이때는 선호하는 책을 적극적으로 지원해서 알고 싶은 지적 욕구를 충분히 채워주고 무엇을 알고 싶은지 대화하면서 궁금증을 채워주어야 한다. 상대방이 자신의 질문을 귀찮아하는 것 같으면 앎에 대한 자존심이 상해서 호기심을 잘 표현하지 않게 된다. 궁금증이 풀릴 만큼 만족스러운 답을 들으면 또 다른 쪽으로 관심과 호기심을 확장한다. 실제로 성수라는 아이는 과학책만 좋아하다가 아빠가 소개한 경제 책 덕분에 수없이 많은 경제 책을 읽고 비문학 독해 능력을 키우게 되었다.

둘째, 책 속 등장인물의 성격을 분석하게 하자. 탐구형 아이라면 처음에는 인물 간에 일어나는 일에 관심 없다고 하겠지만, 친구들과 등장인물 간의 관계를 찾다 보면 다른 사람들이 좋아하는 인물과 싫어하는 인물, 그리고 그 이유까지 인지하게 된다.

그래서 탐구형 아이는 혼자 하는 수업보다 다른 성격유형의 친구들과 모둠 수업을 하며 친구들의 감정을 느껴 보게 하는 게 좋다. 책 속의 등장인물과 같은 유형은 누구인지 친구들과 서로 찾아주는 활동을 하면 탐구형 아이도 조금씩 생각을 열게 된다.

**예시** 등장인물의 성격을 찾아 내 성격과 비교하기

| | |
|---|---|
| 책 제목 | 토끼와 거북이 |
| 등장인물 | 토끼, 거북이 |
| 내 마음에 드는 인물 | 거북이 - 느리지만 최선을 다하는 모습이 긍정적이다. |
| 내 마음에 들지 않는 인물 | 토끼 - 경기를 하다가 잠을 자는 것은 상대방을 무시하는 행동이다. |
| 나에게 적용 | 나는 토끼 같은가?<br>나는 거북이 같은가? |
| 성격 비교 | 거북이 - 성실함, 적극적<br>토끼 - 자유로움, 거만함, 꾀 많음<br>나의 성격? - |

셋째, 탐구형 아이들은 고집이 센 것이 강점이자 단점이므로 논리적인 설득이 필요하다. 탐구형인 현수는 자타공인 파충류 박사인데, 동영상을 보고 쌓은 지식으로 파충류에 대해서는 쉴 새 없이 상상의 나래까지 펼치지만 독서로 쌓은 지식은 부족하다. 이런 경우 파충류 동영상과 그 분야의 책을 동시에 읽을 수 있도록 독려하며 어려서부터 그 이유를 설명해줘야 한다. 동영상이 재미있다고 읽기를 등한시하면 진짜 깊이 있는 공부를 해야 할 때는 한계를 느끼게 되기 때문이다.

책을 읽고 내 것으로 만드는 과정은 동영상 시청보다 어렵다. 아이가 '책을 읽는 것도 괜찮네?'라는 생각이 들도록 발상 전환을 하게 해주려면 아이가 관심을 두는 분야의 책을 골라서 읽어주고 아이 스스로 그 책을 읽으면서 한 권의 책에 대한 읽기 독립을 시켜줄 필요가 있다

point! ....................................................................................................
1. 책을 읽기 전에 아이의 성격 특성을 한번 짚어주자.
2. 아이의 질문에 충족될 만큼 구체적으로 대답해주자.
3. 고집 센 아이라면 지속적으로 논리적인 설득을 해주자.
4. 책의 등장인물을 찾고 성격을 분석하게 하자.
....................................................................................................

# 탐구형 아이가 읽으면 좋은 책 ─────

### 「홍쟁이 고두홍」 (이수용 글, 좋은책어린이, 1~2학년)
심술 많은 주인공은 조금만 기분이 나빠도 홍! 하고 콧방귀를 뀐다. 친구가 별로 없는 아이는 몬스터 카드를 파는 할아버지에게도 가짜라고 우긴다. 화가 난 할아버지가 두홍의 버릇을 고쳐주겠다며 괴상한 주문을 외운다.

### 「마법의 설탕 두 조각」 (미하엘 엔데 글, 소년한길, 1~2학년)
부모님이 자기를 존중해주지 않는다고 생각하는 렝켄은 요정을 찾아가 해결 방법으로 받은 마법의 설탕 두 조각을 받는다. 설탕을 넣은 차를 마신 렝켄의 부모님은 성냥갑 속에 들어갈 만큼 줄어들고 만다.

### 「존 아저씨의 꿈의 목록」 (존 고다드 글, 글담어린이, 3~5학년)
존 고다드는 15세에 작성한 꿈 127개 중 104개를 이루어낸다. 꿈이 왜 중요한지, 꿈을 이루기 위해선 어떤 준비가 필요한지 어떻게 꿈의 목록을 작성하고 이루었는지를 친절하고 재미있게 이야기한다.

### 「까마귀 소년」 (야시마 타로 글, 비룡소, 고학년)
까마귀 소년은 학교에 적응을 못 하고 늘 혼자이다. 땅꼬마라 불리며 5년을 숨어 지낸다. 그런데 6학년 담임 선생님은 달랐다. 자연을 관찰하는 수업을 진행하고 까마귀 소년만이 가지고 있는 재능을 인정해준다. 학예회에서 다양한 까마귀 울음 소리를 발표한 뒤 까마귀 소년은 모든 사람에게서 자신감을 되찾는다.

### 「전설의 탐정, 전설희」 (이초아 글, 가문비어린이, 4~5학년)
탐정이 꿈인 전설희는 어느 날, 예안이가 초등학교 화장실에서 몰카가 나왔다는 기사를 보았다는 얘기를 듣는다. 자신의 학교에서도 몰카 범죄가 일어나고 있을 소지가 충분하다고 결론 내리고 첫 번째 사건 의뢰로 화장실 몰카 사건을 접수한다. 그러나 몰카 범인 후보 세 명이 전혀 혐의 없음이 판명되자, 허점투성이인 자신을 돌아보며 겸허한 마음을 갖는다. 그런데 설희는 우연한 기회에 몰카 범인을 잡게 된다.

## 「플루토 비밀결사대」 (한정기 글, 비룡소, 5~6학년)

열 두 살인 금숙이는 같은 반 친구들과 '플루토 비밀결사대'를 만들고 아지트에서 정의와 우정을 맹세한다. 그런데 뜻밖에 도자기 밀매에 얽힌 살인사건을 목격한다. 다섯 명의 아이들은 범인을 찾기 위해 의견을 모은다. 단서를 찾고 인과관계를 쫓아가는 추리 동화이다.

## 「젓가락 달인」 (유타루 글, 바람의아이들, 2~3학년)

초등학교 2학년 교실에서 벌어지는 젓가락질 달인 대회에 대한 이야기. 젓가락보다 포크가 손쉬운 선택으로 여겨지는 어린이들에게 쉽지 않은 도전이다. 주인공 우봉이가 젓가락 달인에 도전하고 경쟁하며 성취해내기까지 과정을 그리고 있다.

# 책을 읽다가도 딴생각에 빠져들어요

이상형 아이는 책 속의 등장인물에 깊이 공감하고 때로는 자신과 동일시한다. 책을 읽으면서도 감정의 동요가 잦고 생각이 많아지는 것이다. 그래서 책에 대해 아는 것을 설명해보라고 하면 "쟤 먼저 시키세요. 쟤 먼저요." 하면서 꽁무니를 뺀다. 발표하는 상황이 닥치면 심장이 쿵쿵대기도 하고, 자신이 알고 있는 것을 말로 표현할 만큼 정리가 빨리 되지 않기 때문이다. 특히 정보책을 읽고 기억의 단서를 찾아보자고 하면 더욱 난감해하며 긴장한다.

"얘들아 읽은 책에 대해 기억을 더듬어 백지인출을 해보자."

"헉, 백지인출요? 샘, 너무 하시는 것 아니에요?"

"왜? 천천히 떠올려봐."

"하나도 생각 안 나요. 진짜 백지 같아요."

이상형 아이에게 지난 시간에 배운 것에 대해 질문하면 언제 배웠냐며 처음 들은 것 같은 반응을 보인다. 집중해서 공부하려고 해도 잡념이 많아서 몰입하는 에너지가 분산되고 기억해야 할 것들을 놓치기 때문이다. 이런 영향으로 이상형 아이는 오랜 시간 책상 앞에 앉아 있어도 효율성이 떨어져 시간 대비 독서와 공부의 양이 적을 수밖에 없다. 독서나 학습에서 저학년 때는 크게 문제가 되지 않겠지만 책이 두꺼워지고 공부의 양이 많아지는 고학년으로 올라갈수록 이상형 아이는 성실한 편임에도 늘 시간이 부족하다고 말한다.

## 잡념이 약점

이 아이들은 감성적이기 때문에 등장인물에 공감할 수 있는 문학책을 선호하고 정보를 담고 있는 비문학은 재미없고 딱딱하다는 선입견이 있다. 이렇게 부정적인 생각이 머릿속에 가득하면 책을 읽어도 기억에 남는 게 없다. 정보책을 읽으면 정보가 이해되기보다 내용에 관련된 상상이 먼저 떠오르는 식이다. 그래서 이상형 아이에게 정보책을 읽고 말하게 하면 기억해야 할 정보는 둥둥 떠서 사라지고 중요하지도 않은 이야기만 말하며 읽었음을 증명하곤 한다. 실제로 사실질문을 하면 정확한 답을 찾지 못한다. 이상형 아이가 스스로 성격상 잡념이 많다는 것을 인식하지 못하면 자신이 머리가 안 좋은 것 같다고 생각하거나 기억력을 탓하는 데 그치게 된다. 딴생각이 많은 채로 공부를 하는 것은 공이 튕겨서 다시 돌아오는 것과 같은데 자신의 약점을 인지하지 못하고 자기비하를 하는 것이다.

**예시 기억력 높이는 방법**

| 책 제목 | 한밤중 달빛 식당 | |
|---|---|---|
| 1단계 | 사건의 단서 키워드 찾기<br>예) 식당, 나쁜 기억,<br>　　선택, 망각, 행복, | 포스트잇이나 메모지를 이용한다. |
| 2단계 | 단어 순서대로 놓기<br>예) 식당-나쁜 기억-선택-<br>　　망각-행복 | 메모지 단어를 섞은 후 이야기 속 사건을<br>순서대로 놓아본다. |
| 3단계 | 단어 역순으로 놓기<br>예) 행복-망각-선택-나쁜<br>　　기억-식당 | 단어를 역순으로 놓아보면서 사건의<br>순서를 거꾸로 이야기해본다. |
| 4단계 | 단어를 연결해 줄거리 말하기 ➔ 역순으로 말하기<br>예) ▶ 식당-연우는 나쁜 기억으로 맛있는 음식을 살 수 있는 신비로운 식당을 발견한다.<br>　　▶ 기억-연우는 엄마가 돌아가셔서 마음의 상처가 깊었다. 그리고 다른 속상했던 기억들도 가지고 있었다.<br>　　▶ 선택-연우는 자신의 나쁜 기억을 내고 맛있는 음식을 사기로 선택한다.<br>　　▶ 망각-연우는 나쁜 기억이 사라졌지만 사라진 기억의 공백을 의문으로 둔 채 찜찜하게 지내게 된다.<br>　　▶ 행복-연우는 나쁜 기억을 없앴지만 행복해지지 않고 오히려 슬퍼졌다. 그리고 나쁜 경험도 극복하다 보면 소중한 기억이 된다는 것을 깨닫는다. | |

이상형 아이의 편독 습관을 고치지 않는다면 설명하는 글이나 정보 단원이 나오는 교과서를 점점 멀리하게 되고 이런 글을 읽을 때 속도도 느려지게 된다. 학습 측면에서 보자면 교과서에는 동화나 소설 같은 문학 단원만 있는 것이 아니라 독해를 요구하는 비문학 단원이 함께 있으므로 보완이 꼭 필요하다.

### 이상형 아이의 독서 솔루션

첫째, 이상형 아이에게 우선 되어야 할 것은 잡념을 조절할 수 있는 역량을 키워주는 것이다. 잡념 속에서 우리의 뇌는 아무것도 기억하지 못하므로 잡념이 많은 아이를 마음이 가는 대로 두기보다는 경계와 기준을 정해야 한다.

둘째, 책을 읽으며 어떤 것에 집중해야 하는지, 핵심 소재나 목차를 미리 짚어주자. 이상형 아이에게 한꺼번에 많은 양을 제시하면 힘들어하기 때문에 한 꼭지를 읽고 핵심 사건을 말해보고 사실질문이나 독서 퀴즈를 스스로 내게 한다. 이런 방식으로 적은 양을 완벽하게 소화하는 연습을 해야 한다. 동화책이라면 인물 찾기를 하거나, 앞과 뒤의 내용을 연결해서 줄거리를 말해보게 하는 것도 좋은 방법이다.

**예시** 핵심 소재나 목차를 짚어주면서 핵심어 찾기

| 책 제목 | 마음이 들리는 마법 이어폰 |
|---|---|
| 핵심 소재 | 이 책에 쓰인 중심 소재는 무엇인지 찾아본다.<br>예) 이어폰, 마음의 소리, 본심, 의심, 오해, 대화, 소통, 관계 |
| 목차 핵심어 | 목차나 전체 이야기 흐름의 순서대로 핵심어를 찾아본다.<br>예) 목차 읽기<br>　　목차로 내용 정리하기<br>　　- 소라 이야기<br>　　- 건호 이야기<br>　　- 준우 이야기 |
| 핵심 사건 | 핵심어를 중심으로 각 챕터별 사건들을 정리해본다.<br>예) <소라 이야기><br>　- 소라는 외계인이라는 별명 때문에 속상했는데, 건호가 그 별명을 지은 줄 알고 나쁜 아이라고 생각했다. 그러다 마법의 이어폰을 통해 준우가 소라와 친해지고 싶어서 관심의 표현으로 별명을 지었다는 것을 알게 된다.<br><br>　<건호 이야기><br>　- 건호가 농구 수업을 빼먹고 PC방에 간 일을 준우가 건호 아빠에게 고자질했다고 오해한다. 건호는 마법 이어폰을 통해 준우가 소라를 좋아한다는 사실을 알게 되고, 고자질 사건에 대해 아빠에게 직접 물어보라는 조언을 들었다. 결국 고자질한 사람은 준우가 아니라 코치님이라는 사실을 알게 된다.<br><br>　<준우 이야기><br>　- 준우가 소라를 좋아한다는 것을 건호가 교실에 소문을 내서 화가 난 준우는 건호와 몸싸움을 했다. 자신이 고자질하지 않았다고 말해도 믿지 않는 건호 때문에 속이 상했는데, 마법 이어폰으로부터 오해를 풀어보라는 조언을 듣는다. 건호 아빠를 찾아가 자신이 고자질한 적이 없다는 사실을 녹음하면서 오해가 풀어지게 된다. |
| 주제 찾기 | 독자에게 전하고자 하는 주제를 생각해보고 표현해본다.<br>예) 친구와의 관계에서 오해가 생겼을 때 내가 잘못 알고 있는 부분은 없는지 서로의 입장을 이해하고 마음과 생각을 표현하는 적극적인 노력이 필요하다. |

셋째, 이상형의 강점인 공감지수를 잘 활용하자. 인간관계나 타인의 마음을 이해할 수 있는 문학책을 많이 읽으며 독해력을 키울 필요가 있다. 정보책은 읽기 전에 목차를 짚어주거나 인터넷 검색으로 연관된 기사나 정보를 먼저 얻게 한 다음 책을 읽게 하면 부담을 줄일 수 있다.

*point!*

1. 책을 읽기 전에 아이의 성격 특성을 한번 짚어주자.
2. 잡념을 조절할 수 있는 역량을 키워주자.
3. 어떤 것에 집중하면서 읽어야 하는지 미리 짚어주자.
4. 문학책의 비중을 높여서 동기를 유발시키자.
5. 정보책은 미리 정보를 제공해주자.

# 이상형 아이가 읽으면 좋은 책 ───────────

### 「가방 들어주는 아이」 (고정욱 글, 사계절, 1~2학년)

석우는 다리가 불편한 반 친구 영택이의 가방을 들어준다. 가방을 영택이 자리에 갖다 놓으면 그날 아침 석우의 임무는 끝난다. 그리고 수업이 끝나면 영택이 가방을 집에 가져다준다. 선생님이 시키니까 어쩔 수 없이 하게 된 일이지만, 석우는 영택이와 조금씩 가까워지며 서로 다른 입장을 이해하고 공감하게 되고 우정이 두터워진다.

### 「한밤중 달빛 식당」 (이분희 글, 비룡소, 2~3학년)

나쁜 기억으로 맛있는 음식을 살 수 있는 달빛 식당. 달빛 식당을 찾은 주인공과 사람들을 통해 나쁜 기억도 삶에 의미가 있다는 것을 알게 된다.

### 「마음이 들리는 마법 이어폰」 (최명서 글, 크레용하우스, 3~4학년)

어느 날 우연히 얻게 된 마법 이어폰은 친구로부터 백 미터 떨어지면 친구의 목소리가 들린다. 친구인 소라와 건호, 그리고 준우는 번갈아 마법 이어폰을 얻게 되고 어떻게 하면 친구의 마음을 알 수 있는지, 좋은 친구 관계는 어떻게 유지해야 할지 알아가게 된다.

### 「고양이야, 미안해!」 (원유순 글, 시공주니어, 3~4학년)

작은 생명에서부터 늘 곁에 있기에 더욱 이해가 필요한 친구와 가족, 소외된 이웃까지 다양한 존재와 관계 속에서 상처받고, 감동을 받으며 성장하는 여섯 아이의 이야기를 들려준다.

### 「마음 소화제 뻥뻥수」 (김지영 글, 국민서관, 3~4학년)

늘 괜찮다고 말하는 아이, 의견을 내세우는 법 없이 친구들 의견에 따르는 아이, 거절하지 못하는 아이, 친구들의 눈치를 보던 예은이가 뻥뻥수를 마시고 속마음을 시원하게 말하게 되는데...

───────────

**「굿모닝, 굿모닝?」** (한정영 글, 미래아이(미래M&B), 3~4학년)

가족에게 사랑받던 개 태풍이는 어느 날 주인에게 버림을 받는다. 그 뒤 우연히 만난 두리에게 사람들은 이기적이라는 얘기를 듣는다. 하지만 태풍이는 자신이 버려졌을 리 없다고 믿고 싶어 한다. 시간이 흐르며 사냥꾼에게 쫓기던 태풍을 할아버지가 구해주고 태풍을 사랑해준다. 할아버지는 미국으로 이민 간 손주를 그리워하며 태풍이를 미국의 인사말 '굿모닝, 굿모닝?'으로 불러준다.

**「종이밥」** (김중미 글, 낮은산, 5~6학년)

가난하고 힘들게 살고 있는 할머니는 송이를 절에 맡긴다. 배고플 때마다 밥맛이 난다며 종이를 씹는 송이를 생각하면 절에서 사는 것이 송이에게 더 나을 거라는 결정을 한다. 하지만 송이가 없는 하루하루는 오빠인 철이나 할머니 할아버지에게도 고통이었다. 며칠 후 송이는 할머니 댁으로 돌아와 다시 해맑은 1학년을 보낸다.

# 감정 이야기보다 추리가 재미있어요

수진이는 4학년 때 독서 수업을 시작했다. 4학년이면 모둠 수업에서 어떤 태도를 취해야 하는지 알 만한데도 불구하고 수업 시간이면 자리에 가만히 앉아 있지를 못했다.

"선생님, 저기 가서 하면 안 돼요? 여기 서서 하면 안 돼요?"

그렇게 3개월을 돌아다니며 자유롭게 수업을 받던 아이가 언제 앉았는지도 모르게 자리에 앉아서 수업에 참여하게 됐다. 자리에 앉아서 하라고 밀어붙였으면 청개구리처럼 폴짝거렸을 아이인데 스스로 행동을 수정한 것이다. 수업에 적응하는 동안 자유롭게 탐색하며 호기심의 욕구가 해결되었기 때문이다.

행동탐구형 아이는 창의적인 호기심이 많다. 관심 분야의 책은 스스로 찾고 적극적인 모습을 보인다. 다양한 정보를 탐색하며 분석적이고 독립적인 활동을 즐긴다. 분석력이 좋다 보니 논리적, 합리적, 과학적으로 파고드는 추리소설에 빠지기도 한다. 어떤 책을 읽어도 기본적인 독해가 가능하고 모둠 수업에서 자신이 좋아하는 책에 대해서는 적극적인 반응을 보인다. 관심 분야에 대한 이해도 빠르고 집중력과 기억력도 좋아서 책을 읽고 토론도 잘한다. 자신의 견해를 이야기하는 것은 물론이고, 분석적인 질문과 창의적인 질문도 척척 만든다. 다른 사람의 관심사나 반응과는 상관없이 자신이 아는 것에 대해 끊임없이 이야기하고 적극적으로 알려주고 싶어 한다.

## 선택적 편차가 심해요

반면에 자신이 좋아하지 않는 책에 대해서는 재미도 없고 잘 모르겠다고 말하며 수업 집중력과 참여도가 떨어진다. 모든 면에서 속도도 빠르고 잘할 수 있는 능력을 보유하고 있지만, 하고 싶지 않은 활동에는 좀처럼 따라오지 않는다. 예를 들어 글을 쓸 때 자신이 쓰고 싶은 분량까지만 표시해 두고 더이상 생각이 떠오르지 않는다며 쓰지 않고 버티

기도 하는 아이들이다. 독서 토론에서도 자신이 관심 없는 것은 한 귀로 듣고 흘리기도 한다.

자기 생각이 옳다는 판단이 서면 상대방 말을 경청하고 공감하여 듣기보다 분석한다. 공감 능력이 약하고 고집이 있어 토론에서 과하게 주장하기도 한다. 모둠 수업을 좋아하면서도 겉도는 듯한 태도를 보이기도 한다. 행동탐구형 아이들은 책 선호도에 편차는 있지만, 문학이라고 다 싫어하는 것도 아니고 비문학이라고 다 선호하지도 않는다.

## 행동탐구형 아이의 독서 솔루션

첫째, 행동탐구형 아이는 기본적으로 독해력은 뛰어나다. 하지만 등장인물에 대한 질문을 주고받아 보면 잘 모르겠다고 말한다. 책 속의 상황이나 인물에 공감되지 않기 때문이다. 〈고양이야, 미안해!〉라는 책 수업 때 죽어가는 고양이를 본체만체하고 지나간 사람들에 대해 별 감정이 없다고 말하는 식이다. 이런 경우 등장인물의 감정 찾기를 통해서 다른 사람의 생각과 감정에 관심을 두고 수용하도록 유도한다.

둘째, 인물들에게 일어난 사건을 찾고 사건에 대한 인물들의 감정을 찾아본다. 활동을 통해 찾아낸 감정 어휘의 개념을 익히면서 비슷한 어휘들로 확장시켜준다. 그리고 등장인물의 상황에서 자신이 느낄 수 있는 감정을 다시 찾아보게 하면서 감정 단어에 자주 노출되도록 기회를 만들어주자. 행동탐구형 아이에게 감정 카드를 주고 책에서 느낀 감정을 찾아보라고 하면 처음에는 새로운 어휘를 알게 되는 재미에 빠져 카드의 어휘에만 집중하기도 하지만 이러한 부분은 지속적으로 개선해주는 것이 필요하다.

**예시** 공감 독서(감정 단어 놀이를 통해 자신에게 부족한 공감 능력을 인식하게 한다.)

| | |
|---|---|
| 책 제목 | 아이가 스스로 책을 정한다.<br>예) 올빼미 기사 |
| 주요 사건<br>&<br>인물의 감정 | 이야기 속에서 주요 사건과 그에 따른 감정을 찾는다.<br>(감정카드 활용 4장 참고)<br>예)<br>- 올빼미는 훌륭한 기사가 되기 위해 학교에서 공부를<br>  열심히 했다. (감정: 두근거리다, 기대되다, 뿌듯하다)<br>- 크고 무거운 칼과 방패만 잡으면 낑낑댄다.<br>  (감정: 무섭다, 두렵다)<br>- 끝까지 포기하지 않고 밤에 성벽을 지키는 임무를 맡게 된<br>  다. (감정: 뿌듯함, 자신감)<br>- 소문으로만 듣던 무시무시한 용을 만나지만 둘은 친구가<br>  된다. (감정: 친근한, 너그러운, 사교적인) |
| 비슷한<br>감정 카드 찾기 | 위에서 찾은 감정과 비슷한 감정카드를 찾아본다.<br>예) 두근거리다 ⇒ 설레다<br>　　기대되다 ⇒ 두근두근하다<br>　　뿌듯하다 ⇒ 보람되다<br>　　무섭다 ⇒ 겁나다<br>　　다정하다 ⇒ 호감가다<br>　　너그러운 ⇒ 따뜻하다<br>　　사교적인 ⇒ 생기있는 |

셋째, 관심 있어 하는 문학책을 통해 사회성과 공감 능력을 키워나
감과 동시에 비문학 책을 통해 분석력과 메타인지를 성장시키면 좋다.
행동탐구형 아이는 속도가 빠르기 때문에 정보들을 한눈에 볼 수 있도
록 정리하고, 정리된 내용과 연계독서를 하면 더 깊이 있게 아는 재미
를 충족시키고 또 다른 책을 찾아보게 된다. 독해 능력에는 문제가 없
으므로 자신이 좋아하는 분야의 책으로 심층독서를 하면 좋다.

*point!* .........................................................................................................

1. 부모가 아이의 성격을 진단해 본 후 그 특성에 대해 대화한다.

2. 아이가 원하는 이야기책을 선정하고 감정 사전을 찾아보게 한다. 감정
   단어 놀이를 통해 자신에게 부족한 공감 능력을 인식하게 한다.

3. 관심 분야의 책과 연계독서를 통해 지식을 확장해 나간다.

.........................................................................................................

# 행동탐구형 아이가 읽으면 좋은 책 ──────

## 「올빼미 기사」 (크리스토퍼 데니스 글, 비룡소, 7세~1학년)

기사가 되고 싶어 하는 사랑스런 꼬마 올빼미를 유쾌하고 코믹하게 그려낸 그림책이다. 주인공 올빼미는 위험에 봉착했을 때, 두렵지만 용감하고 지혜롭게 평소 자기가 꿈꾸는 모습으로써 위기를 돌파한다.

## 「우주 이발관」 (이초아 외 글, 도담소리, 저학년)

다양한 소재로 구성된 14편의 단편동화로 동화마다 다양한 삶을 그려낸다. 치매에 걸린 강아지와 쪽지를 잘못 전해준 것이 오히려 호재가 된 이야기, 딱지 살 용돈을 좋은 일에 사용하고, 누리를 구할 신비한 약초를 찾아 나선 노루의 이야기가 흥미롭다.

## 「학교가 사라졌다!」 (박광진 글, 가문비 어린이, 5~6학년)

학교가 너무 싫은 진우와 천수. 학교 자리에 큰 웅덩이가 생기고 주의하라는 노란 줄이 쳐져 있다. 호기심이 발동한 두 친구는 웅덩이 속으로 들어가는데...

## 「딴생각 세탁소」 (홍민정 글, 좋은책 어린이, 1~2학년)

호기심이 많아 딴생각을 잘하는 나루가 '딴생각 세탁소'에서 세탁한 후 딴생각을 하지 않게 된다. 하지만, 딴생각의 필요성을 깨달으며 엉뚱한 상상을 즐겨서 원래의 모습으로 돌아온다.

## 「미래가 온다, 인공 지능」 (권수진 외 글, 와이즈만북스, 4~5학년)

큰 계산기로 출발했던 컴퓨터가 하드웨어 기술의 발달로 크기는 줄어드는 대신 소프트웨어와 기억 장치를 갖추고 디프 러닝 기술을 익히며 인공 지능으로 점차 발전해 가는 과정을 소개한다.

**「프리워터」** (아이나 루크먼 도슨 글, 밝은미래, 5~6학년)

이야기 속 공동체인 〈프리워터〉에서는 주인집에서 탈출한 소년 호머와 백인을 한 번도 본 적 없는 프리워터 태생의 산니 그리고 노예 제도가 잘못됨을 감지하는 백인 노아의 시점이 이동하며 이야기가 전개된다.

**「봉주르, 뚜르」** (한윤섭 글, 문학동네, 5~6학년)

프랑스 파리에서 뚜르라는 지방으로 이사 온 첫날, 책상 귀퉁이에서 한글 낙서를 발견한다. 봉주는 낙서의 주인공을 찾는데 의문들이 꼬리에 꼬리를 문다. 낙서의 주인은 일본 사람으로 숨어 지내는 토시의 삼촌이었다. 비밀이 드러난 후 토시네 가족은 뚜르를 떠난다.

# 등장인물의 일이 내 일인 것처럼

행동
이상형

공부보다 친구들 만날 생각에 즐거운 아이, 그러나 매번 수업 준비가 덜 되어 있다. 아이에게 수업을 그만두자고 말했다. 단호한 교사의 말에 갑자기 눈물을 뚝뚝 흘리며,

"선생님! 다음부터 잘할게요. 그만두라는 말만 하지 마세요."
"선생님, 제발요. 잘할게요!"

집으로 돌아간 아이는 일주일 내내 숙제 내용을 보고하며 잘하고

있다는 것을 인정받고자 했다. 하지만 그다음 한 주가 지나면 도로 제자리이다. 자유로운 영혼을 가진 이 아이는 행동이상형의 성격으로 '무계획, 무생각, 무질서' 쓰리 콤보에 변덕까지 심하다. 하지만 누구보다 정이 많아서 작은 것도 나눠주고 싶어 한다.

### 공감한 책만 남아요

행동형과 이상형이 조합된 행동이상형 아이들은 자유로우면서도 다른 사람과 소통하고 함께하는 것을 즐긴다. 친구들을 우르르 몰고 다니며 늘 베풀고 인정받는 것을 좋아한다. 감정표현이 잘 드러나고 솔직한 유형이다. 수업 시간에도 끊임없이 꼼지락거리고 친구에게 장난치기를 좋아하며 과자를 사도 두 개를 사서 나눠주고 싶어 한다. 장난꾸러기지만 근본적으로 마음이 따뜻한 성격이다.

행동이상형은 책도 훈훈한 스토리가 있는 것을 좋아한다. 책을 읽으며 책 속의 주인공이 되어 울고 웃고, 때로는 자신의 감정과 기분을 자유롭게 표현하기도 한다. 등장인물에게 일어난 어려움이 자신의 일처럼 느껴지고 자신이 도와줘야 한다고 생각한다. 행동이상형은 타인에 대한 공감이 큰 만큼 자신의 감정도 상대에게 100% 공감되길 원해서 옳다고 생각하는 부분에 대해서는 과하게 주장한다.

책에 대해 토의할 때도 자신이 공감하는 인물에게 짝도 같은 느낌을 공유하기를 원한다. 책을 많이 읽어도 자기가 공감했던 책만 기억

한다. 독서를 많이 했음에도 불구하고 배경 지식이 적고 독해가 안 된다고 하는 경우 행동이상형일 가능성이 있다.

## 행동이상형 아이의 독서 솔루션

첫째, 책을 많이 읽혀야겠다는 생각을 내려놓고 선호하는 책부터 읽게 한다. 행동이상형 아이들은 집중력이 짧으므로 일단은 책의 두께가 얇아서 금방 읽을 수 있겠다는 자신감을 느끼게 하는 것이 중요하다. 책에 흥미를 못 붙인 상태인데 읽을 양이 많으면 시작하기도 전에 못 읽을 것 같다고 말하는 아이들이기 때문이다. 재미있는 스토리가 있거나 그림이 많은 책을 읽어주며 독후활동도 놀이처럼 핑퐁핑퐁 게임, 퀴즈 놀이를 하자.

둘째, 성격상 집중력이 떨어지므로 책에서 핵심 내용을 잘 파악할 수 있도록 탐구독서를 해야 한다. 이 아이들은 규범탐구형이 가진 정보 인식이 약한 편이다. 정보책을 읽어도 정보는 다 날아가고 공감되었던 스토리만 기억에 남는다. 따라서 행동이상형 아이들은 한 챕터 한 챕터 내용을 이해하는 연습을 반복할 때 사실적인 책 내용을 기억할 수 있고 책 이야기를 나눌 때도 자신감이 생긴다.

**예시** 챕터별 요약하기

(1권의 책을 5개의 챕터로 나눠 챕터별로 요약해 읽으면 한 번에 읽는 것보다 기억이 쉽다.)

| 책 제목 | 화요일의 두꺼비 |
|---|---|
| 등장 인물 | 두꺼비 워턴, 올빼미 조지, 사슴쥐들 |

**1챕터**

추운 겨울, 두꺼비 워턴은 형이 만든 과자를 먹다 고모를 떠올린다. 형이 말렸지만 워턴은 옷을 껴입고 스키를 타고 고모댁에 과자를 주러 간다.

**2챕터**

워턴은 점심 무렵 도시락을 먹다가 눈 속에 빠진 사슴쥐를 구해주었다. 사슴쥐에게 사나운 올빼미를 주의하라는 경고와 빨간 목도리를 선물로 받는다.

**3챕터**

워턴은 골짜기에서 올빼미에게 붙잡혔다. 그런데 올빼미는 워턴에게 자신의 생일인 화요일까지 자기 집에 있어야 한다고 말한다. 워턴은 화요일에 올빼미에게 잡아먹힐 위기에 놓인다.

**4챕터**

워턴은 올빼미와 이런저런 얘기를 나누며 '조지'라는 이름도 지어주고 청소도 해주며 친절을 베푼다. 그리고 사슴쥐의 도움을 받아 올빼미의 집으로부터 도망쳐 나온다.

**5챕터**

올빼미 조지는 '화요일에 너랑 친구가 되고 싶은 조지가'라는 쪽지를 남기고 워턴이 좋아하는 노간주나무 열매를 구하러 나왔다가 여우에게 잡힌다. 워턴은 사슴쥐들과 힘을 합쳐 올빼미 조지를 구한다.

셋째, 정보책보다 잘 읽히는 이야기책부터 집중해야 한다. 행동이 상형에게는 감정이 풍부하게 드러나는 문학책이 좋고, 달콤한 문학책만 꾸준히 잘 읽어도 성공이다. 부모들은 자녀에게 다양한 장르의 책을 읽히고 싶어 하지만, 정보책을 재미없다고 하는 아이에게 강요하면 책 읽기 자체에 흥미를 잃을 수 있다. 책이 재미있다는 인식을 가질 때까지 기다렸다가 얇은 정보책부터 서서히 읽으면서 늘려나가야 한다.

*point!* ...................................................................................................

1. 책을 읽기 전에 아이의 성격 특성을 한번 짚어주자.

2. 아이가 선호하는 책부터 읽히자.

3. 한 챕터씩 읽고 줄거리를 정리해서 책에 대한 기억력을 높이자.

4. 문학책을 읽혀서 흥미를 유발하고 정보책은 그다음에 읽히자.
...................................................................................................

# 행동이상형 아이가 읽으면 좋은 책 ────────

### 「종이봉지 공주」 (노버트 문치 글, 비룡소 1~3학년)
용에게 붙잡힌 왕자를 구하러 가는 공주가 있다. 왕자에게 선택받는 공주가 아닌 스스로의 삶을 개척해나가는 공주를 통해 용기와 자신감을 배우게 된다.

### 「헛다리 너 형사」 (장수민 글, 창비, 1~3학년)
의욕은 넘치지만 빈틈 있고 허술해서 헛다리를 짚고 마는 너구리 너 형사. 하지만 헛다리를 짚으면서도 포기하지 않고 특유의 창의적인 추리로 끝내 범인을 밝혀낸다.

### 「지우개 똥 쪼물이」 (조규영 글, 창비, 2~3학년)
아이들은 깐깐한 선생님이 찍어주시는 울보 도장으로 울고 웃는다. 그림을 지우고 남은 지우개 똥을 쪼물쪼물 뭉쳐 숨을 불어넣어 탄생한 지우개 똥은 아이들에게 웃음을 되찾아주고자 울보 도장을 물리치는 작전을 세운다.

### 「지금, 꿈이 없어도 괜찮아」 (박승오 글, 풀빛, 5~6학년)
보이는 내가 아니라 발견되지 않은 나를 발견해 가는 것이 청소년이다. 꿈이 막연하고 두려운 청소년에게 자신을 발견하고 진정한 꿈을 찾아가는 길을 안내한다.

### 「샌드위치 도둑」 (앙드레 마루아 글, 이마주, 3~4학년)
엄마가 직접 만들어주는 샌드위치를 가장 좋아하는 주인공 알랭은 월요일부터 금요일까지 종류가 다른 샌드위치 도시락을 가지고 학교에 간다. 그런데 샌드위치가 사라져 범인을 찾겠다고 여러 묘책을 동원한다. 범인은 뜻밖에도…

### 「뻔뻔한 실수」 (황선미 글, 창비, 3~4학년)

물고기 먹이를 못 주게 하는 친구 때문에 심기가 불편해진 대성이는 교실 물고기 먹이통에 가루비누을 넣는다. 물고기가 죽고 범인으로 몰리자 실수였다고 뻔뻔하게 항변을 한다. 작가는 그런 아이에게 잘못을 솔직히 고백하고 책임도 져야 함을 알려주고 있다.

### 「지우개 따먹기 법칙」 (유순희 글, 반달서재, 3~5학년)

아빠랑 단둘이 사는 상보는 지우개 대장이다. 상보가 결석한 날 준혁이는 큰 맘모스 지우개를 사용해서 친구들의 지우개를 싹쓸이하고 으스댄다. 상보는 준혁과 지우개 대결에서 맘모스 지우개를 땄지만 지우개 따먹기 법칙 중에 '지우개 따먹기를 할 때 상대는 나의 친구이다'라는 열 번째 법칙을 떠올리고 맘모스 지우개를 돌려준다.

# 상상보다 답이 명확한 질문이 좋아요

규범탐구형의 경우 규범이 강한 경우와 탐구가 강한 경우 다른 성격적 특성을 보인다. 완벽주의적인 규범 성향과 탐구심이 강한 성향 중 어느 쪽으로 더 치우쳐 있느냐에 따라 행동 양상도 다르다. 규범보다 탐구가 높은 영호의 경우 토론을 할 때 자기주장이 강하다.

"영호야, 친구 의견도 좀 들어봐야 되지 않겠니?"
"선생님, 말이 되는 소리를 해야 듣죠. 저는 친구 의견이 틀렸다고 생각해요."

"야... 어떻게 너는 네 생각만 맞냐? 다른 사람도 다 자기 생각이 있는 거야."

감정이 상한 영호는 토론을 제대로 이어가지 못한다.
하지만 탐구보다 규범이 더 높은 시원이는 토론을 할 때,

"너는 네 생각이 맞다고 생각해?"
"응, 나는 내 생각이 맞다고 생각하는데."
"어? 나는 거기까지 생각하지 못했네. 네 생각도 맞네."

친구가 나와 다른 논리를 펼치면 타당한지 따져보고, 상대의 논리가 타당하면 수용하는 태도를 보인다.

## 상상해 봅시다

규범탐구형은 규칙과 원칙이 뚜렷하고 책임감이 강해서 사소한 일에 흔들리지 않는다. 차분하면서도 집중력이 높아서 대체로 공부를 잘하는 편이다. 책도 잘 읽고 독해 수준도 높다. 다양한 책을 두루두루 잘 받아들여서 다방면에 지식이 많다. 이런 장점이 있는 성격이지만 독서 습관을 길러 놓지 않으면 한 권의 책을 읽는 데 시간이 오래 걸린다. 모르는 것이 나오면 그냥 넘어가지 못하고 꼼꼼하게 따져보고 분석하기 때문이다.

책을 읽을 때도 대충하는 법이 없어서 읽는 시간은 오래 걸려도 줄거리 요약이나 퀴즈에는 바로바로 답이 나온다. 책의 사건에 대해서도 사실관계를 정확하게 기억하고 질문도 예리하다.

규범탐구형 아이는 독서나 학습에 있어서 유리한 장점이 있지만 자유롭고 창의적인 면이 부족하다. 질문을 만들 때도 사실질문은 빨리 만들지만 생각질문은 시간이 오래 걸린다. 주어진 것을 꼼꼼하게 해내지만 창의적인 사고는 부족한 성향이다. 사고 자체가 논리적이기 때문에 자기가 만든 틀 안에서만 생각하고 등장인물의 행동에 크게 공감하지 못하기 때문이다.

교과서에서 '상상해 봅시다'라는 지문이 나오면 허무맹랑하다고 느끼며 빈칸으로 대응한다. 이러한 성격적 특성으로 책의 사건을 논리적으로 받아들이고 지식적으로 받아들이는 것은 가능하지만, 자신의 삶까지 연결시키지는 못한다. 인물의 행동이나 사건에 대한 공감이 부족하기 때문이다. 글쓰기에서도 논리적이고 건조한 정보글은 잘 쓰지만 감성적인 글쓰기는 약한 편이다. 하지만 이해력이 충분하고 지식으로 잘 받아들이기 때문에 배운 것을 장기기억으로 저장한다. 꺼내 쓸 수 있는 게 많아서 독해 능력과 학습 능력은 뛰어난 편이다.

## 규범탐구형 아이의 독서 솔루션

첫째, 규범탐구형은 원칙적이고 논리적이므로 상상하는 연습이 필요하다. 저학년 때 창작동화를 많이 읽고 상상질문과 생각질문으로 토의하며 사고를 유연하게 할 필요성이 있다. 규범탐구형 아이는 책도 잘 읽고 지식도 많아서 부모가 아이를 자랑스럽게 생각하고 문제를 인식하지 못하는 경향이 있다. 그러나 미래 사회에는 지식과 지식을 연결시킬 수 있는 응용력과 창의력이 중요하다. 또한, 모든 영역을 로봇으로 전환하다 해도 공감 능력만은 예외일 수 있으므로 어릴 때부터 감성교육과 인문학적인 소양을 쌓는 데 신경 써야 한다.

둘째, 규범탐구형은 감정적으로 차가운 편이고 이타성이 약하기 때문에 어려서부터 감정 놀이에 자주 노출시킬 필요가 있다. 독서 수업에서 감정카드를 가지고 대화하다 보면 규범탐구형 아이들은 자기 감정에 대한 인식도 약하다. 책에 대해 대화를 나눌 때도 사실질문 전에 책의 스토리에서 느낀 자신의 감정을 발견하고 나타내도록 질문하고 표현하도록 연습해야 한다.

성격 특성상 잡념이 없어서 독서나 학습에 집중력이 좋고 과제도 잘 수행해서 똑똑하고 실력 있다고 느껴지지만 인간관계에서는 낮은 공감 능력이 약점이므로 이 부분의 역량을 기르지 못한다면 성장하면서 외로움을 느낄 수 있다.

## 예시 책 내용으로 질문을 만들어 내 삶에 적용하기

| 책 제목 | 뻔뻔한 실수(황선미 글) |
|---|---|

### 질문 종류와 예시

**<사실 질문>**

책 내용에서 답을 찾는 질문이다. 답은 하나이다.

① 주인공 대성이는 왜 물고기 먹이통에 가루비누를 넣었나요?

② 물고기가 죽고 범인으로 몰리자 대성이는 뭐라고 말했나요?

③ 뻔뻔하게 항변하던 대성이는 어떻게 달라졌나요?

**<생각 질문(상상 질문 포함)>**

책 내용을 바탕으로 사고를 확장하는 질문, 더 알고 싶은 질문, 상상의 질문이다. 자신의 의견에 이유를 덧붙여서 대답하기 때문에 답은 여러 개가 될 수 있다.

① 선생님은 먹이 주는 아이를 왜 두 명으로만 정해줬을까요?

② 가루비누 때문에 물고기가 고통스러워하는 장면에서 대성이는 어떤
   생각을 했을까요?

③ 반 아이들은 고통스러워하는 물고기를 보면서 어땠을까요?

**<적용 질문>**

책 내용과 나의 상황을 비교하며 등장인물의 문제, 나의 문제를 점검하고 삶의 변화를 추구하는 질문이다.

① 기분 나쁘게 하는 친구가 있을 때 나는 어떻게 대응하는 편인가요?

② 나의 질투심 때문에 친구들과 반 분위기가 불편해진다면 어떻게 해결할 것인가요?

③ 등장인물이 배워야 할 점을 실천카드에서 찾아본다면? (실천카드는 4장 부록 참고)

셋째, 응용창의력을 향상시키기 위해 관심 있는 분야의 비문학 책을 통해 문학과 예술 분야에 이르기까지 다양한 연계독서를 할 수 있도록 안내한다. 깊이 있는 비문학 책은 심층독서를 통해 핵심 내용을 정리하고 그 안에서 인문학적인 부분과 연계시킬 수 있도록 지도하는 것이 중요하다.

*point!* ....................................................................................................................

1. 책을 읽기 전에 아이의 성격 특성을 한번 짚어주자.
2. 하나의 주제에 대해 상상하고 표현하는 연습을 자주 해서 사고의 유연성을 기르자.
3. 가장 취약한 공감 능력을 보완할 감정카드 놀이에 자주 노출 시키자.

....................................................................................................................

◆추천 도서◆
# 규범탐구형 아이가 읽으면 좋은 책 ───────────

**「위로의 초짜」** (임근희 글, 좋은책어린이, 1~2학년)
주인공 은수는 친구를 위로하는 것이 몹시 서툰 친구이다. 그래서 처음에는 친구와 오해가 생겨 다투기도 하고, 그런 친구의 마음을 이해하지 못하기도 한다. 하지만 친구 때문에 속상한 자신을 위로해주는 엄마를 보면서 은수는 위로하는 방법을 조금씩 알아간다.

**「파스칼의 실수」** (플로랑스 세이보스 글, 비룡소, 3~4학년)
파스칼은 엄마가 죽었다고 엉겁결에 거짓말을 해 곤란한 상황에 빠진다. 주변 사람들은 파스칼 엄마가 죽었다고 알게 되고 파스칼은 깊이 생각하지 않고 해버린 말들에 대한 책임과 죽음의 의미에 대해 알게 된다.

**「미래가 온다, 바이러스」** (김성화, 권수진 글, 와이즈만북스, 3~4학년)
생명체가 존재하는 한 바이러스는 사라지지 않고 영원히 존재한다. 그동안 수많은 인간을 위험에 빠뜨렸던 바이러스와 인류가 어떻게 공생해 나가야 할지 쉽게 과학적으로 설명한다.

**「칠판에 딱 붙은 아이들」** (최은옥 글, 비룡소, 3~4학년)
선생님께 혼이 난 아이들은 급하게 나가 칠판을 손으로 마구 닦아대는데 세 아이의 손바닥이 칠판에 딱 붙어 버리고 만다. 칠판에 붙은 아이들을 떼기 위해 친구들, 엄마, 아빠, 선생님, 119 구조대, 경찰 아저씨, 만능 박사님 등등 많은 사람들이 줄지어 나선다. 한 사건에서 시작된 이야기는 점점 원인에 대한 궁금증을 불러일으키고 사람들 모습에 담긴 풍자로 이야기가 풍성해진다.

**「밥데기 죽데기」** (권정생 글, 바오로딸, 5~6학년)

산골에 사는 늑대 할머니는 달걀 두 개를 똥통에 넣고 개울가에도 담그기도 하며 주문을 외운다. 100일 후 그 달걀에서 남자 아이인 밥데기와 죽데기가 태어나자 전쟁 중에 영감님을 죽인 황새 할아버지를 찾아간다. 그런데 그들도 전쟁의 피해자였다. 그후 할머니는 똥을 말리고 여러 과정을 거쳐 금가루를 만들고 평화를 기원하며 북쪽을 향해 뿌린다.

**「비키니 섬」** (시어도어 테일러 글, 아침이슬, 5~6학년)

미군은 섬 주민들을 속이고 태평양의 아름다운 비키니 섬에서 원자 폭탄 실험을 하고자 한다. 주인공 쏘리는 라디오 방송을 통해 평화로운 섬이 방사능으로 오염될 것이고 조상 대대로 살아온 땅을 잃게 된다는 사실을 듣게 된다. 외부에 나가 있던 삼촌과 타라 선생님과 핵 실험을 중단시키려 하지만 강자를 이길 수는 없었다.

**「져야 이기는 내기」** (피터 시스 글, 베틀북, 고학년)

한국, 필리핀, 에티오피아, 미국, 유럽 등 15개 세계의 민담을 통해 생각의 꼬리를 물며 세상의 지혜를 배우게 하는 책이다.

# 나는 정보책이 힘들어요

규범
이상형

정인이는 조용하고 눈에 띄지 않을 만큼 소극적이다. 다른 아이들이 시끄럽게 떠들어도 눈만 굴리면서 이쪽 봤다 저쪽 봤다 하면서 관망한다. 누군가가 부르면 큰 눈을 더 크게 뜨며 오히려 부르는 사람을 민망하게 한다. 글쓰기나 책 이야기를 나눌 때 잘 못하겠다며 먼저 나서는 것을 끔찍이 싫어한다.

"정인아, 뭐 해?"

"네? 저요?"

"정인아, 이번엔 정인이가 말해볼래?"

"응.... 응...."

선생님의 요구에 망설이면서 몸을 비튼다. 당연히 자기 차례인 줄 알면서도

"저요? 저 안 하면 안 돼요?"

"왜? 너 잘하잖아?"

"진짜요? 정말요?"

규범이상형은 다른 사람을 많이 의식하고 배려하는 성격이다. 소수의 친구를 깊게 사귀며 친구 관계에서도 한 번 사귄 친구가 영원하다고 여긴다. 자신과 통하는 친구를 소중하게 생각하고 친구가 좀 불편해하는 게 느껴지면 바로 미안하다고 사과를 한다. 자신에게 우호적이고 편안한 친구가 생기면 그 친구에게 의지하고 학습에 대해서도 도움을 요청한다. 관계지향적 성격으로 남을 의식하고 배려하다 보니 늘 생각이 많기 마련이다. 이런 특성으로 인해 독서나 학습을 할 때 속도나 집중력에서 불리한 면들이 있다. 내 아이가 규범이상형이라면 어릴 때부터 이 점을 잘 이해하고 보완해야 한다.

## 다른 친구 먼저 해요

이 유형의 아이들은 마음이 안정되지 않으면 정서적인 부분으로 에너지가 빠져나가 속도가 느려지기도 한다. 자신이 공감하는 세부적인 내용은 꼼꼼히 기억하지만, 전체를 파악하는 힘은 약하다. 잡념이 많은데다 꼼꼼하다 보니 책을 읽을 때도 시간이 오래 걸리고 집중의 힘이 약해서 책을 읽다가 내용을 놓치기도 한다.

대체로 문학을 선호하는 편이고 역사나 비문학 책을 읽을 때면 '이런 책은 왜 해야 하냐?'고 묻는다. 하지만 막상 책을 고르라고 하면 선호하는 장르가 없고 잘 선택하지 못한다.

규범이상형 아이들은 토론을 할 때도 명확한 답을 말해야 한다고 생각해서 움츠러들고 빨리 말하지 못할 때가 있다. 발표를 먼저 시키기라도 하면 당황하며 머뭇대거나 쩔쩔매기도 한다. 늘 '다른 친구 먼저'를 외치는 아이들이다.

다른 사람의 반응에 신경을 많이 쓰다 보니 모둠 토론보다는 짝 토론일 때 조곤조곤 말을 잘한다. 사고의 속도가 빠르지 않으며 꼼꼼하고 완벽을 추구하기 때문에 글쓰기를 할 때도 주어진 시간 안에 다 하지 못하고 숙제로 해오겠다며 집으로 가지고 간다. 하지만 막상 완성도 높은 글을 쓰지 못하고 제출하는 경우들이 잦다. 작은 것까지 다 소중하게 여기고 일일이 신경을 쓰다 보니 속도가 느리고, 성실한 반면에 귀차니즘에 빠지기도 해서 자칫 게을러지기도 한다.

## 규범이상형 아이의 독서 솔루션

첫째, 이 유형의 아이들을 관계지향적이므로 소수의 친구들과 함께할 때 능률이 오를 수 있다. 1대 1 강습을 한다면 실력이 좋은 선생님보다 인간적인 선생님이 더 좋다. 혼자 공부하는 것보다 옆에서 공부를 도와줄 수 있는 조력자가 있을 때 능력을 더 발휘한다. 공부나 독서에서도 선생님에 대한 배려 때문에라도 열심히 하는 아이들이다. 아이가 어리다면 부모와 상호작용이 많을수록 효과가 높아진다.

책을 읽을 때도 혼자 하기보다 가족과 함께 하는 것을 선호한다. 편안한 분위기에서 효과적인 방법을 가르쳐주면 잘 따라온다. 주말이나 방학 동안에 가족끼리 읽고 싶은 책을 깔아 놓고 집중적으로 독서 시간을 갖고, 한 권의 책을 완성할 때마다 책놀이를 해보는 것도 독서에 대한 동기유발이 된다. 사소한 반응에도 민감하므로 학습과 독서를 할 때도 칭찬과 격려를 충분히 해주는 것이 필요하다.

둘째, 독서의 큰 계획을 세우고 매일매일 독서의 양을 정하고 내용을 정리할 수 있는 플래너를 작성하는 것이 좋다. 그 과정에서 아이의 계획성과 결단력이 길러지기 때문이다. 규범이상형은 생각을 정리하는 속도가 느리고 주변을 많이 의식하는 아이들이므로 소수의 집단이나 개인지도가 더 효율적이다.

**예시** 독서 플래너

(매일매일 독서의 양을 정하고 내용을 정리할 수 있는 플래너를 작성한다.)

| 번호 | 날짜 | 책 제목 | 평점<br>(5점만점) | 총<br>페이지 | 소요<br>시간 | 나눠<br>읽은<br>횟수 | 등장<br>인물 | 핵심<br>낱말 |
|---|---|---|---|---|---|---|---|---|
| 1 | 12/6 | 만복이네<br>떡집 | ★★★★★ | 56p | 70분 | 0 | 만복이,<br>만복이 가족,<br>선생님, 장군,<br>초연 | 떡, 말,<br>욕심,<br>심술 |
| 2 | 12/7 | 열두 살에<br>부자가 된<br>키라 | ★★★ | 256p | 3시간 | 3 | 키라, 머니,<br>골트슈테르<br>아저씨, 트룸<br>프 할머니,<br>아이넨<br>아주머니 | 꿈, 용돈,<br>소원 미래,<br>부자, 목표,<br>투지 |
| 3 | | | | | | | | |
| 4 | | | | | | | | |
| 5 | | | | | | | | |

셋째, 규범이상형 아이는 겉으로 티도 안 나게 뭔가 꼼지락거리며 딴짓을 하기 때문에 공부를 제대로 하려면 아이의 생각과 스케줄 모두를 꾸준하게 함께 관리해줘야 한다. 집중에 방해되는 생각들에 대해 함께 이야기를 나누고 잡념이 떠오르지 않도록 정리한 후 독서, 학습 활동을 시작하는 것이 좋다. 독서나 학습을 할 때도 공부 방법을 구체적으로 안내해주는 것이 좋다. 공부에 대한 관리가 늘 필요한 아이들이다. 백지 상태의 아이를 혼자 두기보다 끊임없이 안내해줘야 제대로 성장시킬 수 있다.

*point!* ......................................................................................................

1. 책을 읽기 전에 아이의 성격 특성을 한번 짚어주자.

2. 혼자 독서하기보다 조력자가 필요하다.

3. 독서든 공부든 끊임없이 관리해주고 구체적으로 안내해주자.

4. 독서 계획을 세우고 세부적인 독서 플래너를 작성한다.

......................................................................................................

## ◆독서 플래너 (2024년)

| 번호 | 날짜 | 책 제목 | 별점 (5점만점) | 총 페이지 | 소요시간 | 나눠읽은 횟수 | 등장인물 | 핵심어 |
|---|---|---|---|---|---|---|---|---|
| 1 | 11/12 | 강모리 없는 날 | ★★ ★★★ | 96 | 40분 | 1 | 푸빌, 엄마, 아빠 | 진리, 복, 거위, 알 |
| 2 | 11/15 | 여름이 반짝 | ★★★ ★★ | 196 | 2시간 20분 | 2 | 유라, 로아, 지호 | 우정, 여름, 소음, 만남, 이별 |
| 3 | 11/16 | 책과 나무 이야기 | ★★ ★★★ | 200 | 2시간 30분 | 2 | 팔레스타인, 에바 | 책, 전쟁, 꿈, 평화, 온래 |
| 4 | 11/20 | 생각을 두드리는 노크 | ★★★ ★★ | 128 | 2시간 | 2 | 영갑, 허려 캐린쌤 | 추리, 오류, 비밀, 딜레마 |
| 5 | 11/24 | 녹아저씨 자전거를 고쳐 | ★★★ ★★ | 96 | 50분 | 1 | 녹부아저씨 | 곰, 용기, 도전, 자신감 |
| 6 | 11/27 | 마틸다 | ★★★ ★★★ | 320 | 3시간 | 2 | 마틸다 하니, 트런치불 | 가족, 학교, 책수, 사랑, 존중 |
| 7 | 12/2 | 도깨비 식당 | ★★ ★★★ | 144 | 2시간 | 1 | 진아, 미정, 한지 | 고민, 해결, 복 |
| 8 | 12/5 | 열두살에 회장된 키라 | ★★★ ★★ | 256 | 2시간 30 | 1 | 키라, 머니 | 소원, 일기, 실천 |
| 9 | 12/11 | 마음소환 제빵병 | ★★ ★★★ | 188 | 1시간 40 | 1 | 자유, 여울 | 소통, 말, 눈치, 마음, 용기 |
| 10 | 12/17 | 우동한 그릇 | ★★★★ ★★★ | 152 | 1시간 10 | 1 | 게이코 겐보오 큰손님 | 가난, 친절, 긍정, 선한삶 |
| 11 | 12/22 | 물발자국 이야기 | ★★ ★★ | 174 | 1시간 30 | 2 | 농장 공장 직원 | 물소비, 농장, 공장, 오염 |
| 12 | 12/30 | 9.0의 비밀 | ★★ ★★ | 160 | 1시간 30 | 2 | 희아, 9.0 비밀사무소 | 미래, 생명, 사육사, 오리 |
| 13 | 1/7 | 논어 우리 반을 흔들다 | ★★★ ★★★ | 164 | 1시간 40 | 2 | 어페이, 우든 | 공자, 논어, 예절, 덕 |
| 14 | 1/12 | 낙서독립운동 | ★★ ★★ | 96 | 50분 | 1 | 김문홍 | 독립, 벽보, 희망, 애국심 |

# 규범이상형 아이가 읽으면 좋은 책

### 「기차 할머니」 (파울 마르 글, 토끼섬, 2~3학년)

할머니와 같이 기차 여행을 하게 된 것에 몹시 언짢아하던 울리가 차표 분실 사건과 브뤼크너 할머니의 구수한 옛날이야기를 통해 즐겁고 유익한 기차 여행을 하게 된다. 울리와 할머니는 나이와 세대 차를 초월한 우정을 나눈다.

### 「콩 한 쪽도 나누어요」 (고수산나 글, 열다, 3~4학년)

나눔에 관한 재밌고 감동적인 이야기와 함께 나눔을 경험한 주인공들의 마음과 나눔의 정보를 얻을 수 있다. 반갑게 인사하고, 따뜻한 격려의 말을 해주고, 짐을 함께 드는 작은 것이 나눔의 시작이다.

### 「내 이웃의 동물에게 월세를 주세요」 (마승애 글, 노란상상, 3~4학년)

오랜 시간, 야생 동물 의사였던 작가가 만났던 이웃 동물들의 신비하고 재미있고 감동적인 이야기. 사람과 동물의 평화로운 공존을 위해 필요한 것은 무엇일까?

### 「칠판에 딱 붙은 아이들」 (최은옥 글, 비룡소, 3~4학년)

선생님께 혼이 난 아이들은 급하게 나가 칠판을 손으로 마구 닦아대는데 세 아이의 손바닥이 칠판에 딱 붙어버리고 만다. 칠판에 붙은 아이들을 떼기 위해 친구들, 엄마, 아빠, 선생님, 119 구조대, 경찰 아저씨, 만능 박사님 등등 많은 사람들이 줄지어 나선다. 한 사건에서 시작된 이야기는 점점 원인에 대한 궁금증을 불러일으키고 사람들 모습에 담긴 풍자로 이야기가 풍성해진다.

### 「열두 살에 부자가 된 키라」 (보도 섀퍼 글, 을파소, 3~5학년)

빚 문제로 어려움을 겪는 부모님 밑에서 키라는 '부자가 되고 싶다'라는 꿈을 키운다. 평범한 소녀였던 키라는 말하는 개 머니, 돈의 천재 골트슈테른 아저씨, 돈을 좋아하는 트룸프 할머니, 은행 직원 하이넨 아주머니의 도움으로 앞에 펼쳐진 문제들을 해결해나가며 미래를 위한 여러 가지 가능성을 쌓아간다.

### 「딜쿠샤의 추억」 (김세미, 이미진 글, 찰리북, 고학년)

서울 행촌동 언덕 위에 지어진 서양식 집의 이름은 딜쿠샤이다. 기자였던 집 주인은 일제강점기를 지켜보며 한국의 독립운동을 서양에 알렸다는 이유로 일본에 의해 본국으로 쫓겨난다. 하지만 딜쿠샤는 광복을 지켜보고, 6.25 전쟁 때는 피란민들의 쉼터가 되기도 한다.

### 「빨강 연필」 (신수현 글, 비룡소, 5~6학년)

어느 날 민호의 책상 위에 놓인 빨강 연필, 주인공 민호는 무심코 빨강 연필을 사용했는데 자신의 가장 단점이었던 글이 줄줄 써진다. 그래서 이번 달 우리 반의 글로 뽑히고 글쓰기 대회에도 나간다. 정직과 갈등했던 민호는 솔직한 글을 쓰고 빨강 연필을 태운다.

### 「존엄을 외쳐요」 (김은하 글, 사계절, 5~6학년)

세계인권선언 30개 조항을 어린이부터 성인까지 누구나 다 이해할 수 있도록 일상어로 바꾸고 지금 우리 시대에 맞게 새로 해석한 그림책이다. 책을 읽으며 존엄이 무엇인지 알게 한다.

# 3

## 성격유형으로 나타나는
# 아이의 약점,
# 플러스 강점

# 성격유형으로 나타나는 아이의 약점, 플러스 강점

모든 사람은 강점과 약점을 동시에 갖고 태어난다. 어느 분야에 강점을 가진 아이는 강점을 더해주면 더 빛나지만 약점을 가진 아이들은 갈등이 심하다. 특히 학교 수업과 연관된 부분이 약하다면 그 부분을 소홀히 할 수 없어서 고민이 깊어진다.

학습에 재능이 약한 아이들은 뭐든지 짧고 간결한 것을 좋아해서 동영상의 내용이 좋아도 10분 이상의 영상은 2배속으로 돌리고 점프하기를 반복한다. 아이들에게 동영상의 매체는 접근성이 쉽고 순간순간의 자극이 탁탁 들어오기 때문에 재밌는데도 좀 긴 것은 힘이 든다. 그런 아이들에게 긴 글을 읽히는 것은 지루할 수밖에 없다. 읽는 것 자체가 귀찮고, 읽어도 기억이 안 난다. 글자는 움직이지 않고 고요해서 읽을 때 졸립다고 말한다. 읽는 방법을 모르는 아이에게 글을 읽는 것은 고통이다. 그러니 문해력이 좋을 리 없다.

그래서 3장에서는 독서와 학습을 할 때 아이들에게 나타나는 약점을 찾고 약점에 강점을 보완해주는 법에 대해 다뤘다. 약점에 강점을 더하는 것은 부족한 것을 채워가는 것이기 때문에 강점에 강점을 더하는 것보다 힘들고 시간도 오래 걸린다. 그런데 부모는 아이의 약점을 빠르게 보완하고 싶어서 잔소리 같은 방식으로 조급함을 드러내기도 한다. 부모가 아이를 바라볼 때 부족하고 약점투성이인 존재로 바라본다면 아이도 자신을 부족한 존재로 인식하게 된다. 따라서 약점을 보완할 때는 어려워서 못 하겠다는 생각을 잠재우고 조금만 방법을 바꾸면 할 수 있겠다는 긍정적인 생각을 갖게 하자. 왜 약점을 보완해야 하는지 아이와 대화하고 설득하면서 약점을 보완했을 때 어떤 결과가 나타날지 이해시키는 게 먼저다. 그리고 아이의 약점이 강점으로 성장하도록 느긋한 마음으로 응원하면서 기다려주어야 한다.

글쓰기를 예로 들면 어떤 아이는 일기는 잘 쓰는데 주장하는 글은 약하고 반대로 어떤 아이는 주장하는 글은 잘 쓰는데 일기는 약하다. 어떤 아이는 시작부터 어렵다. '뭘 써요? 왜 써요? 쓰기 귀찮아요.' 온갖 이유가 많다. 성격유형에 따라 부족한 부분도 각기 다르고 보완할 방법도 다르다.

강점과 약점은 유기적으로 순환된다. 읽는 방법을 모르는 아이에게 읽는 방법을 안내하고, 쓰기, 과학, 역사, 만화, 상상력, 창의력 등에서 아이가 가진 강점은 최대한 살리고 부족한 점은 보완해 독서나 학습에서도 단단한 아이로 성장하도록 도와주자.

# 읽었는데 모르겠어요
## '읽기 문제와 독해력'

OECD 조사에 따르면 우리나라의 실질문맹률이 75%라고 한다. 10명 중 7명은 글을 읽고도 무슨 뜻인지 모른다는 얘기다. '어떤 사람을 대상으로 조사를 하고 저런 발표를 했단 말인가?'라는 의문이 생길 수 있지만, 실제로 아이들을 만나 보면 어휘력과 문해력은 갈수록 심각할 정도로 낮아지고 있다.

5학년 현성이는 누구보다 글을 읽는 속도가 빠르다.

"선생님 다 읽었어요."

다른 아이들보다 빠르게 읽었지만 내용을 묻는 질문 10개 중에 맞힌 것은 4개뿐이다. 다시 한 번 읽고 고치자고 하면 마지못해 재독을 하지만 오답률은 60%에 머무른다. 이렇게 글은 줄줄 잘 읽지만 정독이 안 되는 아이가 있고, 아무 데서나 끊어 읽어서 무슨 내용인지 모르는 아이도 있다. 독해란 단순히 글자만 읽어내는 것이 아닌 글 내용을 이해하는 것인데, 읽기가 제대로 되지 않는 아이는 글자만 읽는다. 단순히 읽는 것과 내용을 이해하는 것은 천지 차이임에도 불구하고 한글을 읽을 줄 아니 글자를 읽으면 내용을 이해할 것이라는 생각에 오류를 범한 것이다. 이런 아이가 교과서는 잘 읽고 이해할 수 있을까?

## 읽기가 잘 안 되는 아이

아무데서나 끊어서 더듬더듬 읽는 아이는 읽기 독립이 되지 않은 경우이다. 읽기 독립이 되어 있지 않으면 읽기 자체도 어렵고 내용 이해는 더 어렵다. 보통의 아이들은 글을 여러 번 읽으면서 자연스럽게 터득하게 되는데, 읽기가 매끄럽지 않은 아이에게는 쉽지 않은 일이다.

아이가 한글을 익혀서 혼자 글을 읽을 수 있더라도 완전한 읽기 독립이 될 때까지는 소리 내서 읽어주기를 계속 해야 한다. 그런데 소리 내어 읽어주는 것은 여러 가지 이유로 꾸준히 지속하기가 어렵다. 이런 경우 아이는 눈으로 읽는 묵독과 속발음을 하면서 자신의 읽기 문제를 알지 못한 채 성장한다. 이런 아이에게 낭독을 시켜보면 어디서 끊어 읽는 줄 몰라서 엉뚱하게 리듬을 탄다. 자신감이 떨어지니 읽을 때 발음이 또렷하지 않고 전달이 어렵다.

## 의미 단위 읽기와 낭독

끊어 읽기가 안 되는 아이는 '민수가/ 책을/ 읽어/ 준다.'라는 짧은 문장을 '민수가/ 책/을/ 읽/ 어준다.'라고 읽는다. 글을 정확하게 읽는 연습이 부족한 것이다. 아이가 글자를 안다고 읽기 독립이 되기도 전에 부모가 소리 내서 읽어주기를 소홀히 하는 게 문제다.

이 문제를 해결하려면 한 줄의 글을 의미 단위로 읽는 연습부터 시작해야 한다. 아이의 낭독을 녹음해서 자신의 발음과 띄어 읽기를 들어보게 하자. 귀찮은데 안 하면 안 되냐고 하던 아이도 일단 녹음된 자신의 음성을 들으면 "이게 나야? 아닌 것 같아."라며 깔깔대는데, 그러면서도 자신의 심각성을 인지하게 된다. 처음에는 한 쪽 분량을 천천히 정확하게 5분 낭독하고 서서히 4분, 3분, 2분 이런 식으로 시간을 줄이면서 의미 단위로 정확하게 읽는 연습을 해보자.

또한 읽기 독립 후 묵독 시 속발음이 있는지 체크해본다. 속발음을 교정하지 못한 채 고학년으로 올라갈 경우 책을 읽을 때 시간이 걸리고 국어 영역과 다른 과목에서도 읽는 시간에 쫓기게 된다. 학습에 어려움이 있는 경우, 지식적인 개념을 이해하는 능력이 부족할 수도 있지만 글자를 하나씩 끊어 읽는 속발음 때문은 아닌지 살펴볼 필요가 있다.

## 독해력이 낮은 이유도 가지가지

독해력이 낮은 아이들은 원인이 다양하다. 행동형 아이는 진득하게 앉아 있기 힘들다. 책을 대충 훑어 읽고 다 읽었다고 말한다. 반은 읽고 반은 그냥 본 셈이다. 이상형 아이는 온갖 것에 잡념이 많아서 책을 읽으면서 앞의 내용을 놓친다. 다시 처음부터 읽어도 어느 순간에 또 내용을 놓친다. 그러니 속도도 느려지고 독해력도 낮을 수밖에 없다.

책 한 권을 제대로 읽어내지 못하고 독해력이 없는 아이라면 자신의 문제를 인지하게 하는 것이 먼저다. 아이들은 자신의 독해력이 부족하다고 생각하기보다 '시간이 없어서 못 읽은 것'이라고 핑계 아닌 핑계를 대기 때문이다. 행동 성향이 많은 아이는 진득하게 앉아서 정독을 완성하도록 이끌고 완성했을 때 보너스를 제공하자. 예를 들면 3권 정독을 했을 때 독서목록판을 돌려서 미션을 제공해주고 다양하게 성격 스티커를 만들어서 등장인물에게 붙이기를 하는 식이다.

이상형 아이라면 정독을 시키기 전에 아이와 충분히 대화해서 정속독의 해결법을 찾는 것이 좋다. 챕터마다 포스트잇을 붙여서 기억의 단서가 될 만한 것을 메모하는 방식을 추천한다. 그리고 읽을 분량과 읽을 시간을 정해서 그 시간만큼은 집중해서 읽을 수 있도록 이끌어주자. 독해력에서 자유로워지기 위해서는 영어 수학 공부하듯이 무한한 노력과 끈기가 필요하다.

---

✔ **읽기와 독해력 높이는 훈련**
○ 1단계 의미 단위로 끊어 읽는 연습을 하자
○ 2단계 시간을 재서 낭독을 녹음하고 발음과 띄어 읽기를 교정하자
○ 3단계 독해력 훈련이 왜 필요한지 인지시키고 보너스를 제공하자
○ 4단계 한 챕터마다 포스트잇을 붙여서 메모하며 읽자

# 쓰기가 어려워요
## '일기와 독후감'

초등학교 저학년에서는 일기 쓰기를 강조하고 고학년이 되면 독후감, 주장하는 글, 답사 기록, 여행 기록 등 다양하게 써야 할 것이 많다. 그럴 때마다 아이들은 끙끙대며 '어떻게 하지?' 생각하느라 시간만 자꾸 흘러간다. 오늘 있었던 일을 쓱쓱 써냈으면 좋겠고 읽은 책에 대한 감상을 짧은 시간에 써내서 해결하고 싶지만 글쓰기는 생각처럼 쉽지 않다. 연습이 부족해서일 수도 있고 성격 유형 때문이기도 하다.

"선생님 이렇게 쓰면 돼요?."

다른 아이들 시작도 못 하고 있을 때 시연이는 거의 한 바닥을 쓴다.

"넌 왜 이렇게 빨라? 나도 그러고 싶다."

"그냥 체험한 것 쓰고 느낀 점 쓰면 되는데…"

이상형의 성격을 가진 시연이는 공감 능력이 뛰어나기 때문에 느낌이나 생각을 표현하는 것이 자연스럽고 표현력도 풍부한 편이라 일기나 생활문과 같은 체험글을 잘 쓴다. 하지만 주장하는 글을 쓸 때면 시연이는 글을 다듬느라 끙끙댄다. 자신의 주장이 뚜렷하면서 적절한 근거를 들어 설득력이 있어야 하는데 자꾸 문장이 길어지면서 늘어진다. 여러 번의 고치기를 거듭해야 겨우 깔끔한 글이 된다.

## 말로 쓰는 일기

일기 쓰기가 느린 아이는 글을 못 써서 느린 게 아니다. 무엇을 써야 할지 글감이 떠오르지 않고 글감에 맞는 적절한 문장을 쓰지 못해서이다. 계속 썼다 지우고 썼다가 지우지만 열 줄 이상을 쓰지 못한다. 그런 아이에게는 질문만큼 좋은 게 없다. "오늘 무슨 일이 있었니? 다 말해 봐."라고 물어보는 것이다. 하지만 '다 말해 보는 것' 자체도 어려워한다면, 게임을 시작해보자. '아이 엠 그라운드 있었던 일 시작!' 유치하지만 이 방법만큼 쉬운 것도 없다. 이렇게 아이가 말한 것 중에서 대표 글감 하나를 고르고 그때 어떤 생각이 들었는지, 어떻게 하고 싶었는지 먼저 묻고 예를 들어서 말로 쓰는 글쓰기를 하게 해주자.

## 글감 '똥 시리즈'

아이들은 똥 시리즈를 좋아한다. "배가 아프더라. 급하게 화장실에서 뿌지직 했는데 화장지가 없는 거야? 어떡하지? 그냥 나갈까? 안 되지. 옆 칸에 누구 없어요?…" 이런 이야기를 해주면 아이들은 깔깔대며 "그런 걸 써도 돼요?"라고 묻지만, 내심 '이렇게 써도 되는구나'라는 안도감이 생긴다. 경험한 일에 대해 솔직한 느낌과 생각을 넣어서 자유롭게 써보는 경험이 중요하다. 아이가 경험한 일로 한 편의 일기를 쓸 때도 30분, 20분, 10분 이런 식으로 시간을 정해 놓으면 늘어지지 않고 완성하는 힘이 길러진다.

일기를 자유롭게 잘 쓰면 어떤 글도 잘 쓸 수 있다. 일기 쓰기는 농부가 농사짓기 위해 흙을 고르는 것과 같아서 공부량이 많아지는 고학년이 됐을 때 글쓰기 때문에 겪는 어려움을 줄이고 효율적인 학습을 할 수 있게 해준다.

## 쉽게 쓰는 독후감

초등학교마다 권장도서를 읽고 독후활동을 하는데, 그림이나 글로 표현하는 활동이 가장 많다. 독후활동으로 만화를 그리고 인물을 평가하고 독서록을 작성하기도 한다. 그런데 학생들에게 수행평가로 한 편의 독후감을 쓰자고 하면 줄거리만 장황하게 써놓고 난감해한다. 조각조각 짧은 글은 많이 써봤지만 제대로 된 한 편의 긴 독후감을 써보지 않았기 때문이다.

독후감에 정해진 틀이 있는 것은 아니지만 아이들은 대부분 틀이 주어지는 것을 좋아한다. 익숙하지 않은 일이라서 그럴 수도 있다. 독후감을 쓸 때는 가장 인상 깊었던 사건을 쓰고 그 사건을 분석해나가면 쉽게 써낼 수 있다. 사건에는 인물 간의 갈등이 있으므로 그 갈등을 제공한 인물들의 행동을 평가해보는 거다. 사건의 상황을 비판하고 나에게 적용하고 싶은 일을 쓰면 크게 한 문단이 구성된다. 그다음 절정 부분에서 느낀 생각, 결말이 만족스러웠는지 등 느낌과 생각을 솔직하게 작성한다. 이렇게 말로 하면 쉽지만 실제로 아이들에게 써보라고 하면 힘들어한다. 그럴 때마다 예를 들어주는 것은 필수다.

## 연습은 속도를 당긴다

고학년으로 갈수록 뭐든지 속도전이다. 한 시간 동안 공부한 것이 중요한 게 아니라 한 시간 안에 얼만큼의 분량을 공부했느냐가 중요하다. 글 쓰는 시간을 줄이면서 잘 쓰는 연습을 하면 과목마다 나오는 서술형 문제를 해결하는 시간도 줄게 된다. 글쓰기가 어려운 아이들은 정답을 알아도 어떻게 답을 써야 할지 고민하다 나중으로 미루거나 답안 작성에 시간을 허비하기 때문이다.

〈하루 1%〉라는 책에서는 아무리 큰일도 1%씩 나누어 습관을 들이라고 한다. 조금씩 조금씩 변화시켜 가자는 의미이다. 마라톤을 연습

할 때마다 완주하는 시간을 조금씩 줄여서 1등에 도전하듯이 글쓰기를 할 때도 500자 분량의 과제를 주고 오늘은 30분, 내일은 29분, 모레는 28분 안에 끝내게 해서 한 편의 글을 완성하는 시간을 줄이게 해보자. 부모나 교사는 좋은 방법을 안내해주고, 아이는 꾸준한 연습을 통해 그 방법을 '내 것'으로 만들 때 속도는 물론이고 완성도를 높여가게 된다.

✔ 글쓰기 연습 단계
○ 1단계 성격에 따라 쉬운 글, 어려운 글이 무엇인지 파악하기
○ 2단계 말로 쓰는 일기와 글감 찾기 연습
○ 3단계 사건, 인물, 갈등 중심으로 내 생각과 느낌 작성하기
○ 4단계 연습을 통해 글 쓰는 속도와 완성도를 높여나가기

# 역사책은 고리타분해요
## '역사도 선행학습'

과거에는 역사책을 규제했던 시기도 있었지만, 지금은 서점이나 도서관에서 다양한 역사책을 만날 수 있다. 원시시대부터 현재까지 시대별로 분류해 놓은 책, 그림과 사진을 중심으로 재미있게 설명해 놓은 책, 역사를 배경으로 써 놓은 역사 동화, 각종 전집까지 이렇게 다양한 책을 통해 마음만 먹으면 재미있는 역사 이야기를 접할 수 있다. 하지만 역사책을 유독 어려워하는 아이가 있고, 반면에 역사에 깊게 관심을 두는 아이도 있다. 성격유형별로 역사책에 관한 반응도 아이마다 너무도 다르다.

## 역사책이 어려운 아이

혜지는 역사 용어 한두 개 나온 것 때문에 그 책에 대한 평가까지 낮게 해버린다. 혜지의 엄마는 "어려서부터 역사 그림책이나 역사 만화책을 보여주면 반응이 시큰둥했어요. 왜 그랬을까요?"라며 하소연했다. 혜지 같은 규범이상형 아이에게는 생소한 용어나 역사적 사건이 딱딱하게 다가온다. 따뜻한 감정이 교류되는 달콤한 그림 동화책은 좋은데 역사책은 그렇지 않게 느껴진다. 이때 어떻게 하느냐에 따라 역사책에 대한 호불호가 갈린다. 역사책을 그냥 읽어주기만 해서는 싫은 책이 될 수 있다. 역사책을 거부하는 아이에게 단군신화나 박혁거세, 주몽 신화에 관해 물으면 "그게 뭐예요?"라고 한다. 신화를 들려주면 "그게 그거였어요?"라며 아는 척을 하지만 정확성이 부족하다.

어려서부터 역사를 접했던 탐구형이나 행동형은 대부분 역사에 꽂히면 깊게 빠져드는 편이다. 역사에 관심이 많고 호기심이 발동하면 '역덕'이라는 소리를 들을 만큼 파고들며, 사회 과목으로 배우는 역사 시간이 마냥 즐겁다. 하지만 성격유형상 역사가 불편했던 아이는 역사를 배우는 사회 시간이 지루하기만 하다. 더군다나 연대별로 지식을 외우고 시험으로 평가하니 역사는 어려운 교과목이 되어버린다. 역사를 암기 과목으로 여기게 되면 시간을 투자해 외우더라도 시험을 본 후에는 기억에 잘 남지 않는다. 이런 아이들이 역사에 재미있게 접근하려면 어떻게 하는 게 좋을까?

## 역사책의 시작은 스토리 책으로

아이가 역사책을 처음 접할 때는 책 속의 이야기를 재미있게 들려주자. 단군신화라면 호랑이와 곰을 찾아보고, 동굴 속은 어땠을지 그림도 그려보고, 마늘과 쑥만 먹은 호랑이는 식사가 만족스러웠을지 묻고 답하기를 한다. 그리고 환웅이 웅녀와 결혼해서 태어난 단군 이야기, 그 단군이 고조선을 세웠다는 이야기를 다 나눈 후 단군신화를 읽게 하는 것이다. 아이의 상상력을 자극하여 생각 주머니를 열어 놓으면 어떤 유형의 성격을 가졌더라도 단군신화 이야기를 싫어할 리 없다. 그럴 때 고구려를 세운 주몽신화, 알에서 나온 신라의 박혁거세 이야기, 가야의 수로왕 이야기를 들려주고 다시 책을 읽게 한다. 구수하게 들려주는 부모의 입말이 바탕이 되어서 신화 시리즈를 무사히 읽어내게 될 것이다.

어린이를 위해 출판된 얇은 삼국사기나 삼국유사도 역사의 흥미를 끌기에 좋다. 다보탑에 담긴 아사달과 아사녀 이야기를 들려주고 관련된 역사책을 읽도록 권해주는 것이다. 이렇게 스토리 안에서 역사를 접해야 자연스럽게 역사와 친해지고 기억에도 오래 남는다.

박물관을 찾아다니며 책과 연결시켜 보는 것도 좋다. 책에서 읽은 이야기와 관련된 유물이 나오면 아이들은 "나 저거 알아! 내가 말해볼래."라며 자신감을 발휘한다. 그럴 때 퀴즈 놀이로 흥미를 돋워주자.

역사에 흥미가 생겼을 때 통사가 담긴 시리즈를 읽히면 역사에 대한 거부감을 줄일 수 있다. 이때 지도는 필수다. 내가 읽는 책의 배경인 나라가 어디인지 사회과부도에서 찾아보고 공책에 못난이 지도를 그린 후, 나라 이름을 써넣기를 반복하다 보면 자연스럽게 책 속에서 만난 나라가 어느 위치에 있는지 알게 된다. 역사를 알면 소설의 배경을 이해하는 데도 도움이 된다.

✔ **역사책 단계별 독서**
○ 1단계 설화가 있는 신화 시리즈를 읽고 재밌게 이야기 들려주기
○ 2단계 삼국사기, 삼국유사에 담긴 예화 들려주기 (아사달 아사녀 이야기)
○ 3단계 박물관 체험하고 유물 퀴즈 놀이 하기
○ 4단계 지도를 보며 못난이 지도 그리기 (백지도)

# 만화책도 반응이 제각각
## '똑똑하게 선택하기'

"우리 아이가 만화책만 읽어서 걱정이에요."

이런 이야기를 들으면 만화책을 몰래 보다가 엄마에게 빼앗기고 야단맞았던 기억이 떠오른다. 만화책 읽는 아이는 본의 아니게 죄인이었다. 왜 그랬는지는 모르지만, 만화를 읽으면 안 된다는 편견은 꽤 오래전부터 있었던 것 같다. 우리의 할머니 할아버지 세대는 재미있는 만화책을 저속하다고 여겼고, 요즘 사람들에게는 만화책에 빠지면 글책을 못 읽게 된다는 생각이 지배적이다. 그런데 아이들과 만화책으로 수업을 해보면 글책은 잘 읽으면서도 만화책을 못 읽는 아이들이 의외로 많다.

"기억나는 만화책 말해볼래?"

"만화책 안 읽는데요. 안 좋아해요."

　　흔히 아이들이라면 대체로 만화책을 좋아할 거라고 생각하지만 그것은 착각이다. 만화책을 못 읽는 아이들은 판타지 소설인 해리포터 시리즈에도 별 관심이 없다. 행동형과 탐구형 성격을 가진 아이들은 만화책을 선호하는 편이고 규범형과 이상형 아이들은 만화책을 힘들어한다. 행동탐구형 아이들은 감각적이어서 만화책의 그림만 훑어봐도 내용을 대충 알 수 있다고 생각하는데 상상력, 직관력이 약한 규범형 아이들은 그림과 이미지가 많은 만화책을 읽기 어려워한다. 글자를 꼼꼼히 읽고 내용을 파악하는 것을 선호하기 때문이다.

　　행동형의 아이들이 만화책을 못 읽는 규범형, 이상형 아이들을 보면 너무 진지하게 보이고 '왜 만화책이 싫지?'라는 의문이 든다. 아이들끼리 인기 만화책에 대해 거침없이 신나게 얘기를 주고받을 때 규범형 아이는 만화 이야기에 끼어들지 못하는 경우가 많고, 대화에 끼어들었다가 너무 진지하게 반응해서 분위기를 썰렁하게 만들기도 한다.

　　만화책을 멀리하는 게 별로 문제가 되지 않는다고 생각할 수 있겠지만, 요즘은 출판사마다 학습만화 시리즈를 워낙 다양하게 출간해서 해박한 지식은 학습만화에서 얻는다고 해도 과언이 아니다. 만화책 때문에 글책을 멀리할까 봐 염려하기보다 대안을 찾아보는 게 우선이다.

## 신나는 만화책

만화책을 즐겨 읽는 아이들에게 만화책은 재밋거리이고 놀 거리이다. 만화책만 읽는다고 아이를 다그치기보다는 우리 아이는 왜 만화책을 더 좋아하는지 대화해보자. 아이가 만화책을 좋아하는 성격을 가졌다면 음식도 슬로우푸드와 패스트푸드를 골고루 먹어야 하는 것처럼 독서도 골고루 할 수 있도록 균형을 맞추고 조절해주면 된다. 아이의 의견을 무시하고 일방적으로 무조건 제한하기보다는 아이와 함께 만화책이 주는 장단점을 찾아보자.

성격에 맞게 독서 계획을 짜는 것도 좋다. 만화책은 잘 보는데 글책을 잘 읽지 못한다면 만화책을 두 권 읽고 글책을 한 권 읽게 해주거나 짧은 글책을 스스로 읽을 수 있도록 규칙을 정하고 조금씩 늘려가는 방법이 있다. 만화책을 고를 때도 작가가 누구인지 살펴보고, 어휘나 그림을 참고해서 양질의 만화책을 선정하는 연습이 필요하다. 정보만화책에는 그 분야의 전문적인 어휘들도 나오기 때문에 모르는 어휘를 체크하고 카드를 만들어 스피드 퀴즈 게임으로 활용해도 좋다.

학습만화를 즐겨 보는 아이라면 역사나 경제, 과학 분야의 어려운 개념을 좀 더 쉬운 방법으로 익힐 수 있다. 어렵게 느껴지는 정보책을 읽기 전에 만화책을 먼저 활용하면 마중물이 되기도 한다. 만화책을 읽고 호기심을 갖는 분야가 있다면 연계 독서로 확장시켜보자. 다른 책을 멀리하는 것이 문제이지 만화책을 본다고 다 문제는 아니다.

## 만화책은 왠지 싫어

만화책을 못 읽는 아이들의 경우 만화책이 안 좋다는 선입견을 깨주는 게 좋다. 만화책이 싫어서 못 읽는 것인지 안 읽혀서 못 읽는 것인지부터 대화해보자. 원인을 찾아서 흥미를 유발하는 방안을 마련해주는 것이 먼저다. 그런 다음 만화책을 읽고 내용을 상상해서 그려보게 한다. 아이들은 평소에 연습 노트에 낙서하듯 그림을 끄적이면서도 막상 만화를 그려보자고 하면 못 그린다고 발뺌하며 자신 없어 한다. 이럴 때는 부담을 줄이고 자신감을 느끼도록 만화 내용에서 마음에 드는 한 컷을 모방하라고 해주자. 자신이 그린 한 컷에 말풍선을 달면서 재미를 느끼면 몇 컷의 만화를 그리게 되고, 연작으로 그 뒤의 이야기도 이어나갈 수 있다. 자기 생각을 즉흥적으로 표현할 기회를 주면서 또래들 사이에서 재미있다고 소문난 만화책을 접하게 해주면 자연스럽게 좋은 만화책도 접하게 된다.

✔ **만화책 100% 즐기기**
- 1단계 만화책의 장단점을 함께 나눠보고 만화책과 글책 독서계획표 만들기
- 2단계 양질의 만화책을 선정하는 기준에 대해 나누고 함께 골라보기 (폭력성, 선정성 등)
- 3단계 만화책을 읽고 친구에게 소개할 만화책 리스트를 만들어보기
- 4단계 만화책을 못 읽는 아이의 원인을 찾고 아이와 함께 방안 모색하기

# 과학이 두려워요
## '호기심 두드리기'

아이들과 과학관에 체험학습을 나갔을 때 지구에서의 몸무게와 행성에서의 몸무게를 계산한 적이 있다. 지구에서 50kg의 몸무게라면 수성과 화성에서 몸무게는 몇 kg일까?

"답이 나왔어? 나는 안 나왔어. 너는?"
"수성에서는 20kg, 화성에서는 25kg."
"와, 과학 천재네."

과학잡지를 즐겨 읽던 지환이는 눈으로만 보고도 답을 구했다. 그리고 바로 답을 내지 못하는 친구들에게 설명을 해줬다.

"행성들의 크기와 무게가 모두 다르니까 어떤 행성이냐에 따라 지구에서보다 훨씬 가벼워지기도 하고 무거워지기도 하잖아."

과학에 관심이 많은 아이는 과학관에 가면 호기심이 생기는 곳에 머무는 시간이 길다. 과학관에서 돌아온 후에도 궁금한 것들을 물어보며 관련 도서나 정보를 찾아본다. 반면에 관심이 없는 아이들은 구경꾼이 되어서 여기저기 스쳐 지나다니기 바쁘고 그냥 재밌었다고만 말한다. 실제로 무엇을 봤는지 물으면 기억나는 게 거의 없다고 한다. 과학의 원리를 잘 아는 친구가 설명을 해줘도 이해하지 못하고 너는 어떻게 그런 걸 다 아냐며 신기해할 뿐이다.

## 이과 성향, 문과 성향

고학년으로 올라갈수록 이과 성향, 문과 성향이 나뉘듯 어린 시절 책 읽기에서부터 성격에 따라 가장 강하게 호불호가 갈리는 분야가 과학이다. 어려서부터 과학책을 좋아하지 않았던 나는 내 아이들에게 과학책 시리즈를 미리 준비해줬다. 과학책을 많이 깔아 주면 과학에 대한 흥미가 생길 거라는 청사진을 갖고 있던 것이다. 그러나 아이가 읽고 싶다고 가져오는 책은 매번 창작동화였다. 실제 저학년 아이들에게 과학동화와 창작동화를 놓고 선택하게 하면 90% 이상의 아이들이 창작동화를 선택한다고 한다. 많은 부모가 아이에게 골고루 책을 읽히고 싶어서 과학책 세트를 준비하지만, 과학책에 흥미가 없는 아이는 책꽂

이에 몇 년이 꽂혀 있어도 다른 책에 비해 과학책은 10%도 못 읽는다.

## 과학책을 잘 읽게 하는 방법

아이가 과학 분야에 흥미를 느끼도록 해주고 싶다면 먼저 과학 동영상을 보여주자. 예를 들어 우주선 발사 영상을 보여주고 대화를 하는 것이다. 규범형이나 이상형은 모르는 것에 대해 질문할 것이고 행동형이나 탐구형은 호기심을 유발하는 것에 대해 질문할 것이다. 그때 〈별똥별 아줌마가 우주로 날아가다〉라는 책을 권해주거나, 좀 더 쉬운 〈내일은 발명왕〉, 〈과학공화국〉 같은 책을 준비해주는 것이다. 그리고 과학박물관 체험의 기회를 제공해주자.

반면에 어려서부터 과학책에 관심이 많은 아이에게는 과학책의 수준을 단계별로 올리고 과학 천재들의 인물전이나 전문 분야의 논문까지 찾아서 읽도록 이끌어줄 필요가 있다. 이웃 나라 일본은 노벨상 수상자 중 과학상 수상자가 20명이나 된다고 한다. 과학에 관심이 많은 아이들은 끝까지 꿈을 유지하도록 관심도를 더 높여주고 노벨상에 도전하는 인재로 이끌어줘야 한다.

✔ **과학에 흥미를 더하는 단계**
○ 1단계 과학 관련 동영상 보여주기
○ 2단계 동영상에 대해 이야기 나누고 호기심을 불러일으킬 쉽고 재밌는 책 준비하기
○ 3단계 박물관 체험과 과학 실험 기회 제공하기
○ 4단계 과학을 좋아하는 아이라면 단계별로 수준을 올려주기

# 매사에 속도가 느려요
## '매뉴얼의 중요성'

"뭐든 좀 빨리했으면 좋겠어요. 일기 한 편 쓰는 데 한 시간씩 걸리고 숙제나 책을 읽을 때도 마찬가지예요."

매사에 속도가 느린 아이를 보고 있으면 답답함이 밀려오기 마련이다. 속도가 느린 이유에는 다양한 원인이 있겠지만, 성격유형의 특성으로도 각각 다르게 나타난다. 행동형은 어떤 상황에든 빠르게 반응하는 특성이 있는 반면, 나머지 성격유형은 속도에 대한 방해 요소를 가지고 있다. 완벽해야 한다는 생각이 영향을 미치기도 하고, 딴생각에 빠져 집중하지 못하기도 한다. 아이가 느린 이유가 무엇인지 진단하고 원인에 따라 해결법을 제시할 때 속도에 대한 약점을 보완할 수 있다.

## 느림의 표본 규범형

"다했지? 그다음…"

"아직요, 조금만요."

    모둠 수업에서 빈번히 생기는 일이다. 규범형 아이는 빨리하라고 소리치는 친구들의 말에도 아랑곳없이 판에 찍은 듯 글씨를 꼭꼭 눌러 새긴다. 조금이라도 흐트러지는 게 싫어서 지우기를 반복한다. 아이도 엄마나 선생님의 소원대로 속도를 내고 싶지만 울퉁불퉁한 글씨가 마음에 들지 않는다. 빨리하라고 다그치면 오히려 그게 더 불안하다. 이 아이는 무슨 일이든 규칙과 원칙이 있는 것을 좋아하고 하나씩 완전한 것을 확인해야 마음이 놓인다. '삐뚤빼뚤 해도 괜찮다', '잘했다'는 말로 응원해줘도 쉽게 변하지 않는다.

    다른 성격과 섞이지 않는 단일 성향의 규범형은 느림의 표본이다. 선 하나를 그을 때도 자로 재고 반듯하게 각도를 맞춰야 한다. 대충 그리라는 소리가 귀에 거슬릴 뿐이다. 이러한 규범형 아이에게는 시간을 재촉하기보다 디테일한 틀을 제공하는 것이 낫다. 예를 들어 마인드맵을 만들 때도 백지를 주기보다 마인드맵이 그려진 표를 제공해주면 시간을 줄일 수 있다.

## 집중을 붙잡는 잡념 지수

속도가 느린 다른 유형은 딴생각이 많은 이상형이다. 생각의 전환이 오래 걸려 이전 활동이 있었거나 신경 쓰이는 부분이 있다면 다음 활동에 바로 집중하지 못한다. 생각이 많다 보니 몰입하기 힘들고 속도는 당연히 느리다. 이상형 아이에게 빨리 하라고 재촉하는 것은 성격을 바꾸라고 하는 것과 같다. 이상형은 성격유형 중 독서와 학습에서 방해를 가장 많이 받는다는 것을 부모가 먼저 인식하고 아이의 상황을 이해해줘야 한다. 학습에 앞서 아이가 정서적으로 신경 쓰는 부분이 있는지 먼저 대화하고 불필요한 것들은 가지치기를 해줘야 한다.

이상형 아이는 책을 읽다가도 딴생각이 끼어들어 앞의 내용과 연결되지 않아서 앞부분을 다시 확인하느라 속도가 나지 않는다. 이런 아이에게는 책의 분량을 나누고 시간을 확인해서 점점 속도가 빨라지도록 연습하게 한다. 책을 짧게 나눠서 완성할 때마다 칭찬해주고 응원해주는 것도 효과적이다. 이상형은 끊임없이 인정받고 싶어 하고 확인받을 때 더 잘할 수 있기 때문이다. 독서에서든 학습에서든 알게 된 내용을 수시로 정리해 보는 것이 시간을 단축할 수 있는 길이다.

## 할 일을 미루게 하는 게으름

탐구형 아이는 자신이 하고 싶은 영역에서는 집중력이 상승하고 속도도 빠르지만, 하고 싶지 않은 일이 주어졌을 때는 게으름을 피워 속도가 나지 않을 뿐만 아니라 시간이 지나면 그 분야에 뒤처질 수도 있다.

탐구형 아이는 부모가 곁에서 잘 이끌어주려고 해도 싫은 일은 거부하기 때문에 혼자 공부하기보다 경쟁자가 있는 곳에서 공부하는 것이 좋다. 자신과 능력이 비슷한 경쟁 상대가 있으면 하기 싫어서 게으름 피웠던 것도 '한번 해볼게요!'로 바뀐다. 경쟁 상대가 칭찬을 받는 것을 보면 싫어했던 분야에 대해서도 놀랄 만큼 의욕을 보이기도 한다. 읽고 싶지 않다던 분야의 책을 읽고 스스로 아이디어를 내서 경쟁자와 질문하고 책 이야기를 나누기도 한다.

탐구형 아이가 느리다면 그것을 염려하기보다 스스로 계획을 세워보며 자발성이 올라오도록 하는 게 좋다. 친구를 통해 알게 된 다른 분야의 책을 읽고 자신의 관심 분야와 융합시키는 것도 필요하다. 그렇게 할 때 열정적으로 속도를 내는 아이들이 탐구형이다.

| ✔ 느린 이유를 성격에서 찾아보기 | |
|---|---|
| 규범형 | 틀을 만들어주고 다양한 예시를 통해 준비 과정을 줄여나간다. 완벽하지 않아도 끝까지 마무리하는 경험을 하게 한다. |
| 이상형 | 우선순위를 세우고 불필요한 것은 제거해나간다. 분량을 쪼개서 시간 안에 하는 연습을 해나간다. |
| 탐구형 | 독서나 학습에서 자신과 비슷한 경쟁 상대를 만들어 선의의 경쟁 기회를 준다. 관심 밖의 분야와 관심 분야를 연결해서 만족감을 높이게 한다. |

# 기억력이 약해요
## '장기 기억법'

기억이란 경험을 통해 받아들인 정보를 뇌에 전송하고 저장하여 필요할 때 인출할 수 있는 기능을 말한다. 단기기억은 단발적인 자극에 의해 짧은 시간 동안 저장되는 기억이고, 장기기억은 오랜 기간 유지되는 기억이다.

우리가 책을 읽는 이유는 내용을 장기기억으로 저장해서 필요할 때 꺼내 쓰기 위해서다. 그런데 안타깝게도 책의 내용이 너무 빠르게 뇌에서 사라지는 경험을 누구나 해봤을 것이다. 며칠 전에 읽은 책도 줄거리가 연결되지 않고 등장인물이 가물가물하다. 분명히 읽었는데 증명할 길이 없어서 답답하기도 하다.

책으로 유입된 정보가 기억에 남아있지 않는 이유는 메모 한 줄 없이 이야기만 쭉 읽고 책을 덮었기 때문이다. 단기기억에 입력된 정보를 장기기억으로 이어지게 하려면 반복해서 노력해야 하는데 그 과정은 사실 번거롭고 귀찮기도 하다. 또한 기억력은 성격유형별로 차이가 나기도 한다. 똑같은 방법으로 책을 읽거나 공부를 해도 이상형 성격이 포함된 규범이상형, 행동이상형은 다른 성격유형에 비해 기억력이 약하다.

### 이상형 아이의 기억력

이상형의 성격을 가진 아이들은 잡념지수가 높은 편이다. '좋은 성적이 안 나오면 어쩌나? 인정받지 못하면 어쩌지?' 등등 걱정이 과도하고, 이러한 불편한 감정을 다루느라 주의가 산만하다.

다양한 정보를 입력했더라도 들어온 정보를 모으는 집중력이 떨어지면 정보들이 기억의 저장고로 넘어가기가 어렵다. 일부 이상형 아이들은 '열심히 했는데 성적이 안 나와요. 기억력이 나쁜 것 같아요.'라고 말한다. 자신의 진짜 문제를 인식하지 못하고 자책하는 이상형의 아이들을 만나면 매우 안타깝다. 이런 아이들에게는 성격유형 검사를 통해 자신의 약점이 무엇이고 어떻게 하면 해결이 되는지 객관적으로 인지하도록 도와주고 있다.

## 기억력을 높이기 위한 방법

공부는 누구에게나 힘든 과정이지만, 좀 더 수월하게 공부하기 위해서는 배운 것을 잘 기억하는 것이 우선 돼야 한다. 기억력을 강화해 놓으면 자신의 임계점을 뛰어넘을 수 있고 짜릿한 공부의 맛도 즐길 수 있다. 단어나 개념 등 흩어져 있던 기억들이 조합하는 과정을 거쳐서 장기기억으로 이어지기 때문이다. 이상형 아이의 기억력을 높이려면 다음과 같이 해보자.

첫째, 아이의 불편한 감정을 해소해준다. 사람의 감정은 뇌간을 통해서 시상으로 전달되고 시상에서 뇌의 각 부위로 전송되어 단기기억으로 저장된다. 이때 불편한 감정이 있으면 이 과정을 억제한다. 아이가 힘들다고 할 때 아이의 감정에 공감해주고 대화를 통해 아이의 문제가 무엇인지 들어주자.

둘째, 공부한 내용을 머리로 요약해서 정리하고 외우게 한다. 1교시에 공부한 내용을 쉬는 시간 1~2분 동안 떠올려보는 것이다. 에빙하우스의 망각곡선에 따르면 시간이 흐를수록 우리의 기억은 빠르게 사라진다. 외울 내용이나 배운 내용을 짧게 수시로 반복해서 뇌에 저장될 수 있도록 기억에 각인시켜야 한다.

셋째, 공부한 내용으로 인출 연습을 한다. 스토리텔링으로 내가 아는지 모르는지 점검하고 퀴즈를 내거나 시험을 통해 어느 정도 알고 있는지 점검하는 방법이다. 힘든 과정이지만 기억을 높이는 데 효과가 크다. 실제로 워싱턴대학에서 실험한 결과 시험을 1회 본 것보다 3회 보았을 때 장기기억이 14% 증가했다고 한다. 어떤 방법이든지 인출을 자주 하는 것이 좋다는 의미이다.

✔ **아이의 기억력을 높이는 단계**
○ 1단계 잡념으로 생긴 불편한 감정을 해소해준다.
○ 2단계 수업 시간에 공부한 내용을 쉬는 시간 1~2분을 통해 요약하고 암기한다.
○ 3단계 공부한 내용에 대해 인출을 반복한다.

# 경험이 곧 꿈이에요
## '다양한 흥미도 높이기'

어린 시절의 다양한 경험은 꿈을 찾을 때 빛을 발한다. 내 안에 쌓인 경험이 기회를 노리고 있었던 것처럼 우리의 기억 속에 남아서 꿈으로 연결된다. 직접 경험이든 간접 경험이든 다양한 경험을 하다 보면 자신의 성향과 적성에 맞는 일이 어느 순간 '이거다!'하며 연결되는 기회가 온다.

여행지에서 다양한 문화를 접하며 새로운 관심사를 발견할 수도 있고, 여러 가지 체험을 통해 상상력과 아이디어가 떠오를 수도 있다. 특히 여행에서는 갑작스럽게 생기는 상황을 헤쳐나가며 성취감과 자신감을 쌓을 수도 있다. 직접 가보지 못하더라도 〈걸어서 세계 속으로〉라는 프로그램 같은 다양한 채널을 통해서 지구촌 곳곳을 경험하며 도전해보고 싶다는 용기를 얻을 수도 있다. 어떤 분야여도 상관이 없다. 자주 노출되는 분야가 좋아하는 진로가 되고 직업이 될 수 있다.

## 행동이상형 아이의 진로 차이

학교에서 성격검사나 적성 검사를 하는 것은 자신을 알아가는 과정이다. 중학생인 소민이와 성재는 성격유형이 둘 다 행동이상형으로 같았다. 행동이상형의 아이들은 늘 활동적이면서도 사람들과 더불어 즐거움을 추구하고 에너지가 밖으로 향한다. 자유롭기 때문에 여러 가지 경험을 많이 할 것 같지만 오히려 너무 자신이 좋아하는 쪽으로만 치우쳐서 다양한 경험을 놓치기도 한다. 소민이와 성재는 타고난 성격은 같았지만 진로 적성검사 결과는 차이가 났다. 소민이는 다양한 직업에 대한 흥미도가 달랑 한 개만 나왔지만 성재는 흥미도가 여덟 개나 나왔다. 이 차이는 어디에서 오는 걸까?

소민이는 어떤 통제도 받지 않고 행동이상형의 욕구대로 자유분방하게 지냈다. 학교생활에서는 체육시간이 기다려지고 바깥놀이를 할 때가 가장 즐거웠다. 태권도는 힘든 시합과 훈련에도 불구하고 늘 기대되고 신이 나서 몇 년째 즐겨 했지만 진득하게 해야 하는 책읽기나 학습에서는 태권도만큼 시간을 들이지 않았다. 이렇다 보니 적성검사에서도 당연히 운동과 관련한 분야에만 흥미도가 높게 나왔던 것이다.

반면에 성재의 부모는 성재가 활동적인 반면 탐구 성향이 부족하다는 것을 인지했다. 그래서 우선 몸으로 배우는 활동적인 분야부터 몰입을 경험하게 했다. 몸으로 하는 활동, 그림을 그리는 활동, 음악 활동 등 다양하게 몰입을 맛보게 했다. 행동형 아이는 너무 일찍부터 학습을 시작하면 힘들어 할 수 있으므로 좋아하는 활동으로 몰입을 경험하게 하면서 독서와 학습으로 확대해나갔던 것이다.

〈몰입의 즐거움〉의 저자인 미하이 칙센트미하이는 '몰입 경험은 배움으로 이끄는 힘을 가지고 있고 새로운 수준의 실력으로 올라가게 만드는 힘이 있다.'고 말한다. 성재는 진로 적성검사에서 행동이상형이 유리한 적성 분야와 흥미를 갖는 분야가 같게 나옴과 동시에 적성에 유리하지 않은 분야에 대해서도 흥미도가 높게 나왔다. 다양한 경험과 그 분야에 대한 몰입이 영향을 미쳤기 때문이다.

### 다양한 흥미도를 갖게 하려면

다양한 흥미도를 갖게 하려면 아이에게 다양한 분야의 경험과 몰입의 기회를 제공해야 한다. 흥미도가 다양하면 꿈을 정할 때도 선택의 폭이 넓다. 그러나 이것을 아이 스스로 찾기에는 한계가 있으므로 부모가 아이의 성격유형을 인지하고 아이에게 부족한 부분을 찾아 기회를 주자.

예를 들어 예체능을 통해 몰입을 경험했다면 동시에 아이가 좋아하는 장르의 책을 읽히면서 몰입을 키워나가는 것이다. 타고난 적성에만 흥미를 두는 것이 아니라 다른 분야에도 호기심을 확장해나가야 한다.

아이들은 그냥 꿈이 없는 게 아니라 다양한 경험이 없어 꿈이 없는 것이다. 타고난 적성과 흥미를 좀 더 넓게 보고 성격상 부족한 부분에 대한 몰입과 경험으로 진로의 고민을 줄이게 하자.

---

✔ **아이의 기억력을 높이는 단계**

○ **1단계** 아이가 좋아하는 영역의 취미 활동을 꾸준히 하면서 몰입과 칭찬받는 경험을 쌓아간다

○ **2단계** 아이에게 부족한 부분을 보완해서 흥미를 유발시킨다.

○ **3단계** 좋아하는 활동과 좋아하는 장르의 책을 읽으며 연계 독서로 확장시켜 나간다.

○ **4단계** 다양한 분야의 위인책과 강연을 들려주고 꿈에 대해 대화를 나눈다.

chapter four

# 4

작품 안에서 만나는
## 질문 놀이와
## 카드 놀이

# 작품 안에서 만나는 성격유형과 카드 놀이

문명은 시행착오를 겪으며 지금까지 발전해왔다. 문자가 생기면서 교육이 이루어지고 활자가 만들어지면서 다양한 책들이 쏟아져 나왔다. '사람이 살아있는 동안 아무도 뺏어갈 수 없는 것은 지식뿐이다.'라는 격언이 있다. 현재는 책 속의 인물들에게서 삶을 배우고 지식과 지혜를 습득할 수 있지만, 문자와 활자가 발명되기 전에는 입말로 지식을 전할 수밖에 없었다.

조상들은 구수한 입말을 통해서 삶의 지혜를 배우고 과거나 미래를 상상해보곤 했다. 그래서인지 나라마다 입으로 전해오던 옛이야기가 넘쳐난다. 이솝우화는 그리스 전역에 구전되어 오던 이야기다. 그리스 하층 계급이었던 이솝은 하고 싶은 말을 직언하기보다 동물을 등장시킨 우화를 358개나 만들어 다양한 생각과 삶의 지혜를 전달했다. 유대인들은 구전을 통해서 민족성과 종교성을 계승하게 했고, 우리나라의 조부모들도 손주들에게 재미나게 이야기를 전달하며 선함을 권하고 악한 행동을 예방했다. 지금도 전래동화는 여전히 재미있고 아이들에게 꾸준히 사랑을 받는다.

4장에서는 전래동화, 이솝우화, 탈무드, 짧은 창작동화로 독서력을 높이는 질문 놀이를 소개했다. 이 과정을 거치고 나면 이야기 속 인물들이 왜 그런 행동을 했는지 이해할 수 있게 되고 문제해결력도 생긴다. 등장인물의 다양한 성격을 들여다보면서 아이들은 자연스럽게 '나라면 어땠을까?' 생각해보기도 하고 내 삶을 성찰하게 된다. 한편, 인물의 성격을 이해하면 갈등의 근본 요소를 찾을 수 있고 더 나아가 갈등을 해결할 수 있는 능력이 생기게 된다.

4장의 부록에서 소개하는 카드 놀이는 아이들과 현장에서 수업할 때 적용하고 있다. 성격카드는 등장인물들의 행동에 대입하여 인물의 성격을 찾을 때 사용하고, 감정카드는 '나쁘다, 좋다, 예쁘다' 등의 단순한 감정 외에 좀 더 풍부한 감정 어휘를 자연스럽게 익히기 위해 사용한다. 그리고 실천카드는 등장인물에서 나타나는 부족한 부분을 보완해주고 내 삶에도 적용시키는 데 활용하면 좋다.

# 성격을 비교해요
## 『금도끼 은도끼』

요즘 시쳇말로 금수저라는 말이 있다. 타고날 때부터 부를 갖고 태어난 사람들은 부족함이 없기에 아쉬울 게 없다. 그런데도 물질에 대한 욕심은 끝이 없는 듯하다. 전래동화 〈금도끼 은도끼〉에서 욕심쟁이 나무꾼은 거짓말을 해서라도 부에 부를 더하고자 했다.

산신령이 도끼를 준다고 했을 때 두 나무꾼의 상반된 반응은 성격적인 면에서 어떤 특성 때문일지, 우리 아이라면 어떤 반응을 할지 궁금해진다. 아이들과 수업을 하다 보면 나쁜 나무꾼처럼 욕심이 나는 게 당연하다고 하는 아이들이 있다. 이유를 물어보면 의견도 제각각이다. 이처럼 성격에 따라 나무꾼을 바라보는 관점도 달라진다.

나무를 베어 하루하루 살아가는 나무꾼이 하나뿐인 도끼를 연못에 빠뜨리고 말았다. 늙고 아픈 홀어머니가 집에서 자신을 기다리고 계실 것을 생각하니 나무꾼은 눈앞이 캄캄해졌다. 그때 연못에서 산신령이 나타나 금도끼와 은도끼를 내밀며 이것이 네 것이냐고 물었다. 착한 나무꾼은 자신의 도끼는 쇠도끼라고 정직하게 말했다. 나무꾼의 정직함에 감탄한 산신령은 금도끼와 은도끼를 모두 주었다. 이러한 이야기를 전해 들은 욕심쟁이 나무꾼은 일부러 도끼를 연못에 빠뜨리고 오히려 화를 당했다.

| 생각질문 만들기 |

**Q** 나쁜 나무꾼이 이런 행동을 한 원인은 무엇일까?
**Q** 산신령은 왜 두 나무꾼에게 세 개의 도끼로 테스트를 했을까?
**Q** 두 나무꾼은 성격이 어떻게 다를까?

| 등장인물 성격의 특징 찾기 |

착한 나무꾼의 특징은?    ⇒ 솔직, 성실, 희생
욕심쟁이 나무꾼의 특징은?    ⇒ 거짓말, 욕심, 심술

## 하브루타 질문놀이

**Q** 나쁜 나무꾼이 이런 행동을 한 원인은 무엇일까?

**종민** 착한 나무꾼이 금도끼를 받았다는 말을 듣는 순간 이것저것 생각 안 하고 즉흥적으로 달려갔을 거야.

**정우** 원래 욕심이 많아서 남이 가졌다고 하면 자기도 가져야 한다고 생각한 것 같아.

**종민** 얘 이름이 나쁜 나무꾼이잖아. 그걸 보면 평소에도 다른

사람이 가진 것을 갖고 싶어 했던 것 같아.

**정우**　나쁜 나무꾼도 처음에는 가난해서 욕심을 내다 보니 습관
이 된 것은 아닐까?

**종민**　착한 나무꾼은 가난해도 욕심을 안 부렸잖아.


**Q** 산신령은 왜 두 나무꾼에게 세 개의 도끼로 테스트를 했을까?

**정우**　그냥 도와줄 수도 있지만 도와줘도 될 만한 사람인지
궁금했던 거겠지…

**종민**　선택할 게 없으면 이야기가 재미없잖아.

**정우**　그런데 왜 하필 세 개야?

**종민**　그거야 산신령 마음이지. 신령이잖아.

**정우**　착한 나무꾼이니깐 금도끼도 주고 싶고, 은도끼도 주고
싶고, 쇠도끼도 주고 싶고 많이 많이 주고 싶었을 것 같아.


**Q** 두 나무꾼은 성격이 어떻게 다를까?

**정우**　착한 나무꾼은 엄마에게 효도하고 성실한 성격일 것 같아.

**종민**　나쁜 나무꾼은 주위 사람들보다 내가 우선인 사람.

**정우**　착한 나무꾼은 욕심이 없고 작은 것에도 행복해하는 것 같아.

**종민**　나쁜 나무꾼은 성격이 급해서 생각없이 행동하는 것 같아.

**정우**　착한 나무꾼은 자기보다는 남을 먼저 배려하는 것이 당연
하다고 생각해.

착한 나무꾼은 규범이상형으로 자신의 이익보다 남을 배려하고 책임감이 강하다. 자신이 힘들어도 남을 위해 일하는 것이 당연하다고 생각하고 그렇게 해야 행복하다. 착한 나무꾼은 나무를 하고 어머니를 부양하는 것이 힘들기보다 기뻤을 것이다. 일반적인 시각으로 바라보면 힘들게 일하고 어머니를 부양하는 상황이 불행해 보일 수 있겠지만 이 성격은 주어진 삶에 만족감이 높고 소소한 행복을 소중히 여긴다. 규범이상형인 착한 나무꾼은 횡재 소문을 들어도 바로 행동할 수 없다. 이것저것 생각이 많고 어떻게 할지 고민을 한다.

나쁜 나무꾼은 행동탐구형이다. 착한 나무꾼의 횡재 소문을 듣자마자 산으로 달려간다. 주변 사람보다 내가 우선이다. 해보고 싶은 것이 있으면 주저없이 결정하고 도전해서 성취해낸다. 자신의 이익을 위해 거짓말도 아무렇지 않다. 원하는 것을 얻기 위해서 심술궂은 마음이나 지나친 욕심도 잘못이라는 인식을 하지 못한다. 주위 사람이 피해를 보는지 모르고 자기 것에만 몰입하기 때문에 대범해질 수 있다.

✔ **카드 놀이 <달라도 너무 달라요>**
두 나무꾼의 성격이 어떻게 다른지 알아보고 카드를 이용하여 두 인물에게 나타나는 감정을 찾아보자.

❶ 착한 나무꾼과 나쁜 나무꾼의 성격카드 찾기
❷ 착한 나무꾼과 나쁜 나무꾼에 대한 감정카드 찾기
❸ 나쁜 나무꾼에게 알려주고 싶은 점 실천카드로 찾아주기

# 오해하지 마세요
## 『개와 고양이』

이제는 애완견 애완묘의 시대다. 애완동물 관련 사업이 나날이 성장하고 있고 애완동물을 기르는 사람들에게는 한 가족과 다름없다. 개와 고양이가 전래동화에 자주 등장하는 것을 보면 예로부터 사람들과 친숙했던 것 같다.

　　이야기 속 개와 고양이는 서로 다른 성격 때문에 문제 해결의 방식과 속도가 다르다. 이런 차이들로 인해 크고 작은 오해가 생기기도 하고 깊은 갈등으로 이어지기도 한다.

| 개와 고양이 줄거리 |

개와 고양이의 주인 영감은 어망에 잡힌 잉어를 놓아준다. 그 대가로 요술 구슬을 얻어 행복하게 사는데 심술궂은 노파가 그 구슬을 훔쳐 갔다. 개와 고양이는 노파의 집에서 주인 영감이 잃어버린 구슬을 찾게 된다. 고양이가 구슬을 물고 집으로 돌아오던 중 개는 고양이에게 구슬을 잘 물고 있는지 자꾸 확인하였고, 고양이는 그 물음에 대답하다가 구슬을 강에 빠뜨리고 말았다. 개는 화를 내며 집으로 가버렸고 고양이는 강가에서 물고기 한 마리를 잡았는데 구슬을 삼키고 죽은 물고기였다. 고양이는 구슬을 가져다 주인 영감에게 주었고 그 후로 고양이는 주인 영감의 사랑을 독차지하게 된다.

| 생각질문 만들기 |

Q 개는 강을 건너면서 고양이에게 구슬을 잘 물고 있냐고 계속해서 확인한다.

그런 개에게 어떤 말을 해주고 싶은가?

Q 누군가에게 오해를 받을 때 나는 어떻게 대응하는가?

Q 개와 고양이의 성격은 어떻게 다를까?

| 등장인물 성격의 특징 찾기 |

개의 성격 특징은?　　⇒ 열정, 자기과시, 의리
고양이의 성격 특징은?　⇒ 책임감, 순종적, 조력자

## 하브루타 질문놀이

Q 개는 강을 건너면서 고양이에게 구슬을 잘 물고 있냐고 계속해서 확인

한다. 그런 개에게 어떤 말을 해주고 싶은가?

민지　　야 왜 자꾸 물어? 한 대 패고 싶다.

승민　　지가 물고 가지 왜 고양이한테 시켜가지고…

혜진　　대답할 입이 없다고…

**영우** 고양이 믿지도 못할 거면 다른 애랑 가던지…

**민지** 구슬 빠뜨리면 다 네 책임이야.


**Q** 누군가에게 오해를 받을 때 나는 어떻게 대응하는가?

**승민** 억울해서 화병 날 것 같아 씩씩대.

**혜진** 만나서 얘기해야지.

**영우** 그냥 무시해버려. 그러든지 말든지…

**민지** 비밀 일기장에 억울함을 써. 욕도 쓰고…


**Q** 개와 고양이의 성격은 어떻게 다를까?

**승민** 개는 바로 바로 행동하는 것 같아.

**혜진** 고양이는 남이 하자는 대로 따라가는 편이야.

**영우** 개는 자기 잘못은 모르고 남 탓만 하는 것 같아.

**민지** 고양이는 억울한 일을 당했을 때 따지지도 못하고
속앓이를 해.


　　이 책에 나온 개를 사람에 비유하면 행동이상형의 성격이다. 개는
주인의 구슬이 없어졌다는 사실을 알고 리더십을 발휘해 적극적으로
문제를 해결하고자 나선다. 개는 머뭇거림 없이 즉각적으로 행동하며,
당연히 고양이에게도 같이 가자고 한다. 구슬을 찾아 돌아오는 길에서
도 개의 조급한 성격이 드러난다. 고양이가 구슬을 잘 물고 있는지 자

꾸만 반복해서 확인한다. 고양이가 구슬을 물에 빠뜨리고 말았을 때 개는 고양이를 원망하며 화를 내고 가버린다. 고양이가 주인의 사랑을 독차지하게 되었을 때도 개는 자기 탓을 하기보다 우연히 구슬을 찾은 고양이를 질투한다.

반면 고양이는 규범형 성격을 가졌다. 고양이는 누군가 리더가 되어 이끌어줄 때 마음이 편하다. 그래서 고양이는 스스로 먼저 나서기보다 개가 하자고 하는 대로 따르며 조력한다. 개가 구슬을 찾으러 가자고 하지 않았다면 어쩌면 좋을지 염려하면서도 찾아 나서지는 못했을 것이다. 돌아오는 길에 개가 말을 시켜서 구슬을 떨어뜨렸지만, 고양이는 너 때문이라고 따지지도 못하고, 주인에게 돌아가지도 못하고 걱정만 했다. 우연히 구슬을 삼킨 물고기를 잡지 못했다면 고양이 혼자 구슬을 찾지는 못했을 것이다. 이렇게 성격이 다르면 같은 상황도 다르게 흘러갈 수밖에 없다. 성격이 달라서 마음이 상하기도 하고 오해가 생기기도 한다.

✔ **카드 놀이 <오해하지 마세요>**
성격이 달라서 마음이 상하기도 하고 오해가 생기기도 한다. 카드를 이용하여 개와 고양이에게 나타나는 감정을 찾고 보완해줄 실천카드도 찾아주자.

❶ 개와 고양이의 성격카드 찾기
❷ 개와 고양이에 대한 감정카드 찾기
❸ 개에게 알려주고 싶은 점 실천카드로 찾아주기

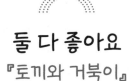

# 둘 다 좋아요
## 『토끼와 거북이』

타고난 체력과 감각으로 자전거 대회에서 늘 1등만 하는 사람이 있다고 치자. 그런데 그 사람이 매번 1등을 하려면 어떻게 해야 할까? 당연히 페달을 끊임없이 돌려야 한다. 그래야 자전거가 앞으로 나가기 때문이다. 그러나 가끔은 이탈을 하고 싶을 때가 있다. 그 이탈을 바로 행동으로 옮기는 이가 있고 생각에만 머무르는 이가 있다.

이솝우화 〈토끼와 거북이〉를 보면 좀 더 명확해진다. 토끼와 거북이 이야기에서 토끼는 게으르다고 비판을 받지만, 단순히 게을러서 잠을 잔 것일까?

### | 토끼와 거북이 줄거리 |

토끼는 거북이에게 산꼭대기까지 달리기 경주를 제안한다. 토끼는 빠르고 거북이는 느리다는 사실을 토끼와 거북이도 알고 있었다. 그래서 토끼는 한참을 앞서 가다가 여유롭게 당근도 먹고 낮잠도 잤다. 거북이는 토끼만큼 빠르지 않을 테니 안심했던 것이다. 하지만 거북이는 쉬지도 않고, 한눈팔지도 않고 열심히 달렸다. 거북이를 응원하던 친구들과 거북이를 놀리던 친구들이 함께 결승점에 서있었다. 쉬지 않고 달린 거북이는 토끼보다 결승점에 먼저 도착했다.

### | 생각질문 만들기 |

**Q** 토끼와 거북이는 외부적인 조건이 달랐다. 토끼는 왜 달리기를 하자고 했고
　거북이는 왜 이에 응했을까?
**Q** 내가 거북이라면 토끼를 깨울 것인가?
**Q** 정정당당한 경기법이란 무엇이라고 생각하는가?

### | 등장인물 성격의 특징 찾기 |

토끼의 성격 특징은?　　　⇒ 자만심, 이기적임, 활발함
거북이의 성격 특징은?　　⇒ 자존심, 성실, 엄격함

## 하브루타 질문놀이

　**Q** 토끼와 거북이는 외부적인 조건이 달랐다. 토끼는 왜 달리기를 하자고
　했고 거북이는 왜 이에 응했을까?

　**서진**　토끼는 보나마나 거북이를 이길 거라고 생각했기 때문이야.

　**지우**　경주를 안 한다고 하기에는 자존심이 상할 거 같아서.

　**서진**　거북이는 토끼보다 느려서 지면 더 자존심 상하지 않을까?

**지우** 거북이는 성실하기 때문에 끈기 있게 하면 그래도 가능성이 있다고 생각했겠지?

**서진** 토끼는 거북이가 어떻게 하든 자기가 이길 거라고 자신했을 거야.


**Q 내가 거북이라면 토끼를 깨울 것인가?**

**지우** 나는 안 깨우면 마음이 엄청 불편할 것 같아.

**서진** 나는 안 깨울 거야. 달리기 하다 자는 애를 왜 깨우니?

**지우** 거북이가 이해되지는 않지만… 이기든 지든 정정당당하게 하고 싶어.

**서진** 경기를 하다가 잠을 잔 건 토끼가 포기를 선택한 거라고 봐.

**지우** 그래도 한 번의 기회는 줘야 하지 않을까?

**서진** 그 시점에서 깨우면 거북이가 질 게 뻔한데 깨우기 어렵겠지.

**지우** 그래도 자고 있는 토끼를 계속 돌아보게 될 것 같아. 이겨도 뭔가 찜찜할 것 같아.


**Q 정정당당한 경기법이란 무엇이라고 생각하는가?**

**지우** 어떤 경기든 동등한 조건에서 시작하는 거야.

**서진** 나도 동등한 조건에서 하는 게 정정당당하다고 생각해. 그런데 토끼가 경기를 제안할 때부터 조건이 동등하지 않았으니 정정당당하지 못했잖아.

**지우**  거북이가 경기를 선택했으니 정정당당하게 시작한 거야. 그걸 못 지킨 건 토끼니까 깨우자고 한 거야.

**서진**  토끼가 중간에 잔 것은 어떤 이유로든 정정당당하다고 할 수 없을 것 같아. 이미 토끼는 실격이야.

**지우**  그러니깐 실격이 되지 않게 깨워서 다시 시작해야지.

**서진**  경기에서 스스로 실수했는데 다시 시작하는 것은 이미 패배라고 생각해.

**지우**  거북이 입장에서는 찜찜하게 이기는 것보다 다시 시작해서 정정당당하게 하는 게 나을 것 같아.

토끼의 성격은 행동형이다. 토끼처럼 행동형 단일 성향인 경우는 어디로 튈지 모른다. 하고 싶은 일이 있으면 즉흥적이고 거침없이 바로 실행에 옮긴다. 토끼는 거북이를 보는 순간 재미를 떠올리고 경주를 제안한 것이다. 중간에 잠을 잔 것은 다른 행동을 하다가도 또 다른 것이 하고 싶어지는 행동형의 성격 때문이다. 행동형 성격을 가진 사람은 뭔가를 시도하고 앞장서서 해나가고자 하는 열정이 넘치지만, 자신을 통제하는 데는 약하다. 달리기 경주를 하다가 누가 졸리다며 쿨쿨 잔단 말인가?

토끼의 제안을 경쟁으로 받아들인 것은 거북이다. 거북이의 성격은 규범탐구형이다. 부지런하고 완벽한 것을 좋아하는 노력형이다. 실수나 포기란 있을 수 없기에 때로는 융통성이 없어 보이기도 하고 이런 부분은 단점이 될 수도 있다.

만약 거북이가 이상형의 공감하는 성격을 가졌다면 자고 있는 토끼에게 "토끼야 일어나, 토끼야 일어나야지." 하며 깨워서 같이 달렸을 것이다. 하지만 규범탐구형인 거북이는 절대 깨울 생각을 못 한다. 자기 일에는 냉정할 만큼 엄격하고 묵묵히 자기 갈 길을 갈 뿐이기 때문이다. 그래서 거북이 같은 규범탐구형은 딴생각 없이 꾸준히 자기 일을 성실하게 해내는 힘이 있다.

✔ 카드 놀이 <반반씩 섞어요>
토끼와 거북이의 성격은 각각의 강점이 있다. 카드를 찾아보며 강점은 칭찬하고 약점은 응원해주자.

❶ 토끼와 거북이 성격카드 찾기
❷ 토끼와 거북이에 대한 감정카드 찾기
❸ 토끼에게 권해주고 싶은 실천카드 찾아주기

# 한 집에 산다면?
## 『사자와 생쥐』

강자 앞에서 약자는 언제나 움츠러들 수밖에 없다. 더군다나 목숨에 위협을 받을 것 같으면 수단과 방법을 동원해서라도 위기를 벗어나려고 한다. 이솝우화 〈사자와 생쥐〉는 각기 다른 처지에서 어떻게 하면 모두가 조화롭게 살 수 있는지 생각해보게 하는 이야기이다.

사자와 생쥐는 서로를 보면서 무엇을 배울 수 있을까? 논어에 '삼인행 필유아사언 택기선자이종지 기불선자이개지'라는 말이 있다. 세 명의 사람이 지나가면 그중 한 명은 스승이 있다는 격언이다. 나와 다르고 아무리 이해하기 힘든 상대일지라도 반면교사 삼는다면 배울 점이 있다는 것이다.

낮잠을 자고 있는 사자의 얼굴에 아무것도 모르는 생쥐가 올라가 놀았다. 낮잠을 방해받은 사자는 무척 화가 나서 생쥐를 한 입에 먹어버리려 한다. 깜짝 놀란 생쥐는 목숨만 살려주면 은혜를 꼭 갚겠다며 용서를 빈다. 사자는 한 입도 안 되는 생쥐를 먹어봤자 체면만 깎인다며 살려준다. 어느 날 힘 센 사자가 그물망에 걸렸다. 울부짖는 사자의 소리를 들은 생쥐가 송곳니로 그물을 갉아서 사자를 구해주었다.

| 생각질문 만들기 |

Q 내가 낮잠을 방해받은 사자라면 생쥐를 살려줬을까?
Q 생쥐는 사자의 무시 발언을 듣고 살아났을 때 어땠을까?
Q 강자와 약자는 어떻게 하면 좋은 관계를 유지할 수 있을까?

| 등장인물 성격의 특징 찾기 |

사자의 성격 특징은?　　⇒ 원칙, 융통성, 법과 질서를 지키는 정의
생쥐의 성격 특징은?　　⇒ 공감, 존중, 관계

## 하브루타 질문놀이

Q 내가 낮잠을 방해받은 사자라면 생쥐를 살려줬을까?

**동민**　사자가 배가 부른지 안 부른지에 따라 다를 것 같아.

**지아**　짜증나서 욱하는 마음에 잡아먹을 수도 있을 것 같아.

**동민**　낮잠 중이라 생쥐를 먹는 것도 귀찮았을 거야.

**지아**　사자 입장에선 생쥐가 너무 어이없었을 것 같아. 어디 꿀잠을 방해해?

**동민**　아이고, 저걸⋯ 그냥 체면 구기지 말자.

**지아**　어쨌든 생쥐가 안 잡혀 먹힌 건 천만다행 같아.

**동민**　생쥐도 아차 싶었을 걸. 사자가 잠이 덜 깬 게 다행이지.

**지아**　생쥐는 사자에게 고마웠을까?

**동민**　헤헤헤, 당근이지.


Q 생쥐는 사자의 무시 발언을 듣고 살아났을 때 어땠을까?

**동민**　사느냐 죽느냐의 상황에서 사자의 무시 발언은 안중에도 없
　　　　었겠지…

**지아**　엄청 자존심 상했을 것 같아. 자신이 얼마나 초라하게 느껴
　　　　졌겠어?

**동민**　생쥐는 위기 상황에서 살아난 게 고마울 뿐이야.

**지아**　'사자 너 다음에 보자.' 이런 마음도 들었을 것 같아.

**동민**　생쥐는 사자보다 작은데 억울해도 함부로 덤빌 수 있을까?

**지아**　그래도 나름대로 소심한 복수라도 하지 않았을까?

**동민**　콧수염 한 개 뽑기… 헤헤…


Q 강자와 약자는 어떻게 하면 좋은 관계를 유지할 수 있을까?

**동민**　'나는 강자야, 나는 약자야'라는 생각 자체가 없어야 한다고
　　　　생각해.

**지아**　그럼 좋겠지만 강자와 약자는 실제로 있잖아.

**동민**　아무래도 강자가 가진 게 많으니깐 약자를 돕는 게 좋을 것

같아.

**지아**    약자가 도움 받는 것이 티 나지 않게 해야 해.

**동민**    나라에서 약자를 많이 도와주잖아.

**지아**    도울 때 사자같이 무시하지 말고 도와주면 더 기분좋을 것 같아.

**동민**    약자가 도움을 받고 다른 사람을 또 도와주면 좋겠어.

**지아**    약자가 다른 사람을 도울 방법은 뭐가 있을까?

**동민**    어려운 사람을 위해 기도해 줄 수도 있고 유머도 주고, 물 한 모금이라도 나눠주는거...


사자는 행동규범형 성격이다. 가장 약한 생쥐가 동물의 왕인 사자의 낮잠을 깨우는 것은 사자의 입장에서 봤을 땐 있을 수 없는 일이다. 생쥐가 일부러 한 것이 아님에도 불구하고 기분이 상한 사자는 생쥐의 상황이나 이유는 중요하게 생각하지 않는다. 행동규범형의 사자에게는 한번 정해진 원칙이나 질서가 중요하다. 사자의 심기를 건드리는 것은 잘못된 행동이고 생쥐의 잘못된 행동에 엄격하게 대해야 한다. 행동규범형인 사자는 생쥐의 감정보다 자신의 체면을 더 우선시한다. 이 성격유형은 강직해서 감정에 쉽게 휘둘리지 않지만, 공감 능력이 없는 게 가장 큰 약점이다.

반면 생쥐는 이상형 성격이다. 목숨이 위험해지자 사자에게 감정을 호소하며 은혜를 갚는다며 살려 달라고 애원한다. 사자가 생쥐를 배려해서 살려준 것은 아니지만 위기에서 벗어난 생쥐는 감사한 마음이 가득하다. 사자가 어려움에 처하자 은혜 갚을 기회가 왔다는 듯이 한걸음에 달려가서 도와준다. 사자를 도와주면 다시 잡아먹힐 수 있다는 생각보다 위기에 처한 사자를 무조건 도와주고 싶다는 마음이 크다. 생쥐같은 이상형은 자신보다 다른 사람의 입장을 먼저 생각하며 잘 지내고 싶어 하기 때문이다. 카드 놀이를 통해 사자는 공감 능력을 키우고, 생쥐는 감정을 잘 조절하는 방법을 배워보자.

✔ **카드 놀이 <공감 능력을 키워요>**
카드놀이를 통해 사자는 공감 능력을 키우고, 생쥐는 감정을 잘 조절하는 방법을 배워보자.

❶ 사자와 생쥐 성격카드 찾기
❷ 사자와 생쥐에 대한 감정카드 찾기
❸ 사자와 생쥐에게 보완해주고 싶은 실천카드 찾아주기

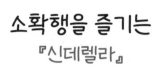

# 소확행을 즐기는
## 『신데렐라』

동화 〈신데렐라〉는 과거부터 현재까지 꾸준히 읽히는 작품이다. 새엄마가 신데렐라를 괴롭히는 내용 때문에 신데렐라를 응원하기도 하고 무도회에서 백마 탄 왕자를 만나 신분상승하는 신데렐라를 보며 재미를 느끼기기도 한다.

요즘 우리 주변을 둘러보면 예전에 비해 한부모 가정, 재혼 가정, 다문화 가정 등 점점 다양한 모습의 가족이 많아지고 있다. 다양한 가족 형태 안에서 서로의 입장과 욕구를 모른 채 살아간다면 가족으로 인해 오히려 마음에 깊은 상처가 남게 된다. 신데렐라와 가족들의 모습을 보면서 나라면 이런 상황을 어떻게 해결해나갈지 생각해 보자.

## | 신데렐라 줄거리 |

신데렐라의 새엄마와 새언니들은 신데렐라를 구박하고 집안일을 도맡긴다. 하지만 신데렐라는 시키는 일을 거절하지 못하고 불평을 하지 않는다. 그런 신데렐라를 동물들이 아낌없이 도와준다. 어느 날 신데렐라는 요정의 도움으로 무도회에 참석하여 왕자를 만나게 된다. 밤 열두 시가 되자 주문이 풀려서 집으로 향하는데, 그때 구두 한 짝을 잃어버린다. 신데렐라는 유리구두 한 짝의 주인을 찾는 왕자를 만나 결혼하게 된다.

## | 생각질문 만들기 |

Q 새엄마는 왜 신데렐라를 이해하기보다 괴롭혔을까?
Q 내가 신데렐라라면 어떻게 행동했을까?
Q 왕자가 없었다면 신데렐라의 삶은 어땠을까?

## | 등장인물 성격의 특징 찾기 |

신데렐라의 성격 특징은?   ⇒ 관계, 인정, 소확행
새엄마의 성격 특징은?   ⇒ 거짓말, 욕심, 심술


## 하브루타 질문놀이

Q 새엄마는 왜 신데렐라를 이해하기보다 괴롭혔을까?

**서희**   자기 딸보다 더 예쁘니까 질투난 것 같아.

**하영**   애초부터 신데렐라 엄마가 될 생각이 없었을 거야.

**서희**   하기 싫은 집안 일을 핑계를 대며 시키려고.

**하영**   자기 딸이 아니니까 미웠을 것 같아.

**서희**   새엄마 마음에 악마가 있어서가 아닐까.

**Q** 내가 신데렐라라면 어떻게 행동했을까?

**하영**   나라면 신고했을 것 같아.

**서희**   나는 무서워서 일기장에 하소연을 썼을 거야.

**하영**   새엄마한테 왜 나를 미워하냐고 물어봐야지.

**서희**   아빠한테 제일 먼저 일러바칠 거야.

**하영**   아빠가 새엄마 편을 들 수도 있잖아.

**서희**   맨날 울면서 하늘나라 엄마에게 기도했을 것 같아.

**하영**   구박받을 때 녹음을 해봐야 해.

**서희**   말 잘 들으면 새엄마도 달라지겠지…


**Q** 왕자가 없었다면 신데렐라의 삶은 어땠을까?

**하영**   빨리 커서 집에서 나오지 않았을까?

**서희**   주어진 일이니깐 불평 없이 열심히 살았을 거야.

**하영**   다른 남자친구가 구해줬을 거야.

**서희**   나중에는 도와주는 조력자들 덕분에 행복해졌을 것 같아.

**하영**   아빠가 알게 되어서 새엄마의 행동이 바뀌었을 거야.


　　신데렐라는 규범이상형의 성격을 가졌다. 공손하고 예의가 바르며 윗사람에게 순종적이다. 자신이 해야 할 일은 성실히 하고 칭찬과 인정을 받고 싶어 한다. 가족들에게 받지 못하는 관심과 사랑을 동물들이나 요정 등의 조력자들이 대신해준 셈이다. 규범이상형은 작은 것에 행복을 느껴 예쁜 옷을 입거나 다른 사람이 예쁘다고만 말해줘도 행복감이 커진다. 만약 신데렐라가 행동형이나 탐구형의 성격이었다면 무도회에서 연락처를 남기고 돌아왔을 것이다. 그러나 신데렐라는 약속 시간을 지켜야 한다는 생각에 도망쳐오기 바빴고 왕자나 왕비 자리 따위는 욕심내지 않았다. 왕자가 구두를 가지고 자신을 찾아 헤맨 것을 알았을 때 누군가에게 사랑받고 있다고 느껴 바로 결혼을 허락한 것이다.

새엄마는 행동탐구형 성격으로, 금도끼 은도끼에 나오는 욕심쟁이 나무꾼과 성격이 같다. 자신의 욕구를 채우기 위해서 물불을 가리지 않는다. 이 성격유형은 다른 사람의 입장보다는 자신의 욕구가 늘 우선이다. 새엄마에게 재혼은 두 딸을 쉽게 키울 수 있는 수단이었다. 하지만 새엄마는 공감 능력이 부족했다. 남편 앞에서는 신데렐라에게 친절한 척했지만, 남편이 없을 때는 공격적으로 대하면서도 당당했다. 새엄마가 공감 능력이 높은 따뜻한 성격이었다면 신데렐라를 괴롭히는 행동이 불편해서 절대 함부로 하지 못했을 것이다.

☑ **카드 놀이 <욕구가 달라요>**
신데렐라는 새엄마를 만난 후 많은 고생을 하게 된다. 신데렐라와 새엄마에 해당하는 카드를 찾아보자.

❶ 신데렐라와 새엄마 성격카드 찾기
❷ 신데렐라와 새엄마에 대한 감정카드 찾기
❸ 각 인물에게 보완해주고 싶은 실천카드 뽑아주기

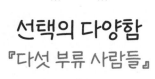

# 선택의 다양함
## 『다섯 부류 사람들』

우리의 삶은 수많은 선택의 연장이다. 하루에도 선택해야 할 일이 수도 없이 생긴다. 버지니아 비즈니스 스쿨의 연구 결과에 의하면 미국인은 하루 평균 35,000회 의사결정을 한다고 한다. 선택해야 할 일이 많은 만큼 선택의 기로에 놓이고 중요한 일일수록 선택 장애에 흔들리기도 한다. 살면서 하게 되는 많은 선택이 삶을 좌지우지하기 때문이다. 탈무드 〈다섯 부류 사람들〉을 보면 성격유형에 따라 선택도 가지각색임을 알 수 있다. 아름다운 섬을 구경조차 못 하는 성격이 있는가 하면 못 먹어도 끝까지 간다는 신념으로 돌아오지 못할 강을 건너는 성격도 있다.

항해를 하던 한 척의 배가 갑자기 폭풍우를 만났다. 파도에 밀려 항로를 잃은 배는 아침이 되었을 때야 포구가 있는 섬에 닻을 내렸고 순풍을 기다리며 그곳에 잠시 머무르게 되었다. 섬에는 진귀하고 아름다운 꽃들이 만발해 있었고, 먹음직스러운 과일이 주렁주렁 달린 나무들과 온갖 새들이 아름다운 목소리를 자랑하고 있었다. 승객들은 다섯 부류의 사람들로 나뉘었다.

첫 번째 부류의 사람들은 순풍이 불면 배가 갑자기 떠날 것을 우려하여서 아예 아름다운 섬을 구경할 생각조차 않고 배에 그대로 남아 있었다.

두 번째 부류의 사람들은 서둘러 섬으로 내려가 감미로운 꽃향기도 맡고, 시원한 나무 그늘 아래 앉아 맛있는 과일도 실컷 따 먹으며 기운을 되찾은 다음 즉시 배로 되돌아왔다.

세 번째 부류의 사람들은 섬에 내려가 아주 오랫동안 즐기다가, 순풍이 불어오는 것을 알고 배가 떠날 것을 염려하여 허겁지겁 달려왔다.

네 번째 부류의 사람들은 순풍이 불어와 선원들이 닻을 걷어 올리는 것을 바라보면서도 돛을 달려면 꽤 시간이 걸릴 것이며 선장이 설마 자기들을 두고 떠나기야 하겠느냐고 말하면서 섬에서 즐기고 있었다. 배가 포구로부터 미끄러져 나가기 시작하자 그때야 허겁지겁 물에 뛰어들어 헤엄친 다음에야 올라탔다.

다섯 번째 부류의 사람들은 섬의 아름다운 경치에 도취해 먹고 즐기느라 배가 출항하는 것조차 모르고 있었다. 그래서 그들 중 일부는 숲속 맹수에게 죽임을 당하기도 했고, 또 일부는 독이 있는 열매를 따 먹어 결국은 모두가 죽게 되었다.

---

| 생각질문 만들기 |

**Q** 나는 어떤 부류에 속할까?

**Q** 사람들이 다 타지 않았는데 배가 떠나는 게 맞을까?

**Q** 첫 번째 부류나 다섯 번째 부류에게 해주고 싶은 말이 있다면?

---

## 하브루타 질문놀이

**Q** 나는 어떤 부류에 속할까?

**민영** 나는 첫 번째 부류일 거 같아. 무섭고 귀찮잖아.

**희진** 당연히 두 번째 해야지. 적당히 구경하다가 느긋하게 배를 타야 마음이 편하지.

**지수** 음… 나는 네 번째. 최대한 구경하다 황급히 달려와서 쏙 탈 거야.

**민성** 나는 다섯 번째. 궁금한 것을 마음껏 즐길 수 있잖아.


**Q** 사람들이 다 타지 않았는데 배가 떠나는 게 맞을까?

**민영** 절대 떠나면 안 되지. 그 배의 책임이 있지.

**희진** 배도 책임이 있지만 개인에게도 책임이 있지 않을까?

**지수** 순풍이 불면 떠난다고 했으니깐 떠나는 게 맞지.

**민영** 안내 방송이든 수신호든 뭔가 신호를 보내서 모두 다

타게 하는 게 맞아.

**지수** 안내 방송을 했을 거야. 그리고 수신호는 순풍이지.

**민성** 배의 선장도 네 번째나 다섯 번째 사람인 거 같아. 그냥 가는 거 보면.

**희진** 순풍이 약속이잖아. 약속은 스스로 지켰어야지.

**민영** 사람 목숨이 달려있는데 어떻게 그래도 떠날 수가 있어.


**Q** 첫 번째나 다섯 번째 부류에게 해주고 싶은 말이 있다면?

**민성** 첫 번째 부류들아, 너네는 구경 하나도 못 하고 무슨 재미니?

**민영** 재미 찾다가 다섯 부류처럼 죽는 것보다는 나아.

**지수** 다섯 번째 너네는 앞뒤를 생각 안 하는 것 같아. 죽을 상황이면 도망쳤어야지.

**희진** 첫 번째 부류들은 왜 이렇게 소심해? 세 번째 부류처럼 하면 되잖아. 다섯 번째 너네는 거기서 무슨 일이 있었는지 진짜 궁금해.


첫 번째 부류는 규범형 성격을 가졌다. 누가 뭐라고 하지 않아도 규칙을 잘 지키고 위험한 일을 시도하지 않는다. 다른 부류에 비해 경험이 적을 수밖에 없다. 섬을 구경하는 것보다 배가 갑자기 떠날 것을 더 염려하는 유형이다.

두 번째와 세 번째 부류는 규범탐구형 성격을 가졌다. 주어진 기회를 최대한 활용하면서 약속을 소중히 여긴다. 당연히 실수도 적고 상대방에게 믿음을 준다.

네 번째 부류는 행동탐구형 성격이다. 호기심이 생기는 것에 대해서는 바로 행동으로 옮기고 실행력이 좋다. 하지만 한 가지에 빠지면 다른 일을 놓치고 주변을 살피는 것도 느린 편이다. 정해진 약속 시간에도 항상 아슬아슬하다.

다섯 번째 부류는 행동형 성격이다. 재미있어 보이면 즉흥적이고 앞뒤 가리지 않고 행동한다. 실수도 많고 주변 사람에게 피해를 주기도 한다. 섬에 들어갔을 때 아무도 말리는 사람이 없었던 것은 다섯 번째 부류 모두가 행동형이었기 때문이다.

✔ **카드 놀이 <나는 어떤 부류일까>**
카드놀이를 통해 다섯 부류 사람들의 성격을 찾아보고 행동을 보완할 방법을 찾아보자.

❶ 다섯 부류 사람들의 성격카드 찾기
❷ 다섯 부류 사람들에 대한 감정카드 찾기
❸ 각 부류의 사람들에게 보완해주고 싶은 실천카드 찾아주기

# 선생님이 좋아요
## 『김배불뚝이의 모험2』

나에게 가장 기억에 남는 선생님이 있는가? 나의 삶을 바꾼 용기 있는 한 마디는 "넌 잘할 수 있어."이다. 나를 인정해준 선생님의 말 한 마디는 시간이 흘러도 기억에 남아 있다. 이런 선생님을 은사라고 부른다. 부모들은 새 학년이 시작될 때마다 우리 아이가 어떤 선생님을 만날지 궁금해하고 기대한다. 선생님은 아이의 학교생활을 좌지우지하기 때문이다. 〈김배불뚝이의 모험2〉에 나오는 선생님은 일 년 내내 아이들의 학교생활을 재미있게 이끌어간다. 이 책은 초등학교 교사 출신인 작가가 학교에 적응하지 못하는 아이의 눈높이에서 이야기를 이끌어가며 학교생활을 즐겁게 느끼게 해주는 책이다.

김배불뚝이는 오늘도 수업은 빼먹고 보건실에 들렀다가, 운동장에서 놀다가, 교재원에서 개미들과 입씨름을 한다. 그렇게 실컷 놀고 나니 비타삼백이 먹고 싶다. 바짓가랑이를 붙들고 졸라 대는 배불뚝이에게 빗자루 선생님은 "나를 팔아서 사 먹어라!"라고 말했다. 선생님은 설마설마했지만, 배불뚝이는 진심이었다. 배불뚝이는 1학년 2반 개구쟁이들과 함께 선생님을 휠체어에 태우고 시장으로 달려가 선생님 사라고 외친다.

| 생각질문 만들기 |

**Q** 선생님은 왜 배불뚝이를 끝까지 이해해줄까?
**Q** 호랑이 선생님을 만났다면 배불뚝이가 달라졌을까?
**Q** 배불뚝이 같은 애가 우리 반에 있다면 어떨 것 같은가?

| 등장인물 성격의 특징 찾기 |

배불뚝이의 성격 특징은?  ⇒ 자유, 호기심, 아이디어, 꾀, 용기
선생님의 성격 특징은?   ⇒ 공감, 기다림, 존중

## 하브루타 질문놀이

**Q** 선생님은 왜 배불뚝이를 끝까지 이해해줄까?

**은수**  선생님의 성격이 좋고 너그러운 것 같아.

**지영**  배불뚝이가 잘못하는 게 한두 번이 아니라 포기한 것 같은데.

**은수**  선생님은 배불뚝이에게 짜증을 안 내시는 것으로 봐서 포기한 것 같지는 않아.

**지영**  관심이 있다면 야단도 치고 잘못을 알려줘야 하는 거잖아.

**은수**  배불뚝이가 잘 알 때를 기다리시는 것 아닐까?

**Q** 호랑이 선생님을 만났다면 배불뚝이가 달라졌을까?

지영 배불뚝이가 야단맞고 벌서기 싫어서 달라졌을 것 같아.

은수 처음에는 안 달라졌을 거야. 습관이 쉽게 안 고쳐지잖아.

지영 호랑이 선생님이 너의 잘못을 공책에 열 번씩 쓰라고 할 것 같아. 그러면 고쳐지겠지.

은수 맞아. 우리반 애들도 호랑이 선생님 만나면 조용하더라.

지영 배불뚝이는 매번 호랑이 선생님 반으로 보내야 될 것 같아. 배불뚝이에게도 좋지.

은수 장난꾸러기가 매번 호랑이 선생님을 만나는 건 불쌍해.


**Q** 배불뚝이 같은 애가 우리 반에 있다면 어떨 것 같은가?

지영 난 배불뚝이가 장난치면 짜증나거든. 넌 안 그래?

은수 난 괜찮은데. 어떤 때는 재밌고 웃겨.

지영 우리반 애들도 배불뚝이 지나치다고 싫어해.

은수 누가 싫어했어? 우리반 애들도 재밌어 했는데.

지영 배불뚝이는 선생님을 팔러 다녔는데 괜찮지는 않지.

은수 그건 장난이야. 선생님이 팔라고 했잖아.

지영 그래도 배불뚝이는 버릇을 고쳐야 해. 맨날 반 분위기가 어수선하잖아.

은수 배불뚝이 행동에 대해 내 친구들에게 물어볼게. 너도 물어봐.

지영 내 친구들은 지난 번에도 불편해했어.

배불뚝이는 행동탐구형이다. 상상력이 풍부한 장난꾸러기에 호기심이 많아 사건 사고가 끝없이 펼쳐진다. 활동적이고 자유로운 배불뚝이가 공감 능력이 뛰어난 빗자루 선생님을 만난 것은 천운이라고 할 수 있다. 만약 규범형이나 탐구형의 선생님을 만났다면 인정받기는 고사하고 ADHD 검사를 받으라는 명령을 받았을 수도 있기 때문이다. 배불뚝이는 공감 능력이 높은 선생님을 만났기에 자기의 성격을 맘껏 발휘하면서 학년을 무사히 마칠 수 있었다.

빗자루 선생님은 이상형의 성격이다. 공감 능력이 뛰어나서 아이들을 포용하고 배려해준다. 이 책으로 수업을 하다 보면 규범 성향이 있는 아이들은 학생이 잘못하면 가르쳐주고 이끌어줘야 하는데 방치하는 것 같다며 선생님이 이상하다고 말한다.

한 권의 동화책 속에서도 서로 다른 성격 때문에 생기는 에피소드가 있듯이, 독자도 서로 다른 성격을 가졌기에 책을 읽고 받아들이는 느낌이 다르다. 같은 책을 읽어도 사람마다 책 평가가 다른 이유이다.

✔ 카드 놀이 <선생님이 좋아요>
카드놀이를 통해 배불뚝이의 입장과 선생님의 입장을 이해하고 보완해줄 방법을 찾아보자.

❶ 배불뚝이와 선생님의 성격카드 찾기
❷ 배불뚝이와 선생님에 대한 감정카드 찾기
❸ 배불뚝이에게 보완해주고 싶은 실천카드 찾아주기

# 공감의 필요성
## 『돼지책』

행복은 멀리 있지 않다. 가족이 서로에게 관심을 갖고 감사하고 존중할 때 행복은 커진다. 앤서니 브라운의 그림책인 〈돼지책〉은 〈버릇 고치기〉라는 제목으로 출간되기도 했다. 이 책은 행복한 가정의 필요조건인 함께 하는 즐거움을 담고 있다. 엄마의 고마움을 배우게 해주는 어린이 그림책으로, 많은 사람의 사랑을 받고 있다.

피곳 씨 가족의 성격을 찾아보며 행복한 가정을 이루는 데 필요한 것들이 무엇일지 살펴보자.

회사에 다니는 피곳 씨와 초등학교에 다니는 두 아들은 집을 난장판으로 만드는데 집 안일은 모두 엄마 몫이다. 어느 날 엄마는 집을 나갔고 돌봐줄 사람이 없어진 피곳 씨와 아이들은 집 안을 점점 돼지우리로 만들었다. 시간이 지나고 엄마가 돌아왔을 때 피곳씨와 아들 둘은 조금씩 긍정적으로 변하기 시작한다

| 생각질문 만들기 |

**Q** 엄마는 왜 가족들에게 잔소리를 하지 않았을까?
**Q** 가족들은 엄마가 집을 나갔을 때 어떤 생각을 했을까?
**Q** 이 가족들이 고쳐야 할 것이나 나의 버릇에서 고치고 싶은 것은 뭐가 있을까?

| 등장인물 성격의 특징 찾기 |

아빠와 아들들의 성격 특징은? ⇒ 자유로움, 눈치 없음, 귀찮음, 산만함, 게으름, 덜렁댐
엄마의 성격 특징은?　　　　⇒ 책임감, 원칙, 성실, 계획적, 대범함

## 하브루타 질문놀이

**Q** 엄마는 왜 가족들에게 잔소리를 하지 않았을까?

**현진**　알아서 달라질 것을 생각했을 것 같아.

**지수**　스스로 깨우치기를 바라고 기다렸겠지.

**현진**　매번 잔소리 하는 것도 싫을 거야.

**지수**　한두 번은 알려줬는데 안 지킨 거야. 그냥 듣고 까먹기.

**현진**　피곳 씨와 두 아들들처럼 어지르기만 한다면 난 잔소리를
　　　　할 거야.

**지수** 계속 정리를 안 하면 우리 엄마처럼 소리를 꽥 질러야 돼. 깜짝 놀라서 하거든.

**Q 가족들은 엄마가 집을 나갔을 때 어떤 생각을 했을까?**

**지수** 처음엔 나들이 간 줄 알았을 거 같아.

**현진** 설마 엄마가 집을 나갔을까? 아닐 거야.

**지수** 며칠은 캠핑 온 것 같은 분위기였을 거야. 아빠가 계셨으니까.

**현진** 시간이 지나면서 걱정이 되고 얼른 엄마 찾아오라고 아빠를 닦달했을 거야.

**지수** 할머니에게 전화해서 알리고 걱정이 돼서 울었을 것 같아.

**Q 이 가족들이 고쳐야 할 것이나 나의 버릇에서 고치고 싶은 것은?**

**현진** 이 가족은 자기 방을 깨끗하게 해야 할 것 같아. 돼지우리 같았잖아.

**지수** 엄마를 소중히 생각하면 좋겠어. 그러면 안 나갈 거야.

**현진** 집안일을 나눠서 하고 엄마에게 안마도 해줄 거야.

**지수** 나는 휴지 쓰고 바닥에 놓는다고 매번 지적당하는데, 그걸 고칠래.

**현진** 난 책 여기저기 놔서 못 찾는데 그것 고쳐볼래.

이 책에 나오는 엄마는 규범탐구형이다. 책임감이 강하고 자신의 역할에 충실해 집안일을 혼자 다 하면서도 잔소리를 하지 않는다. 결국 엄마는 꾹꾹 참고 있다가 집을 나가버림으로 자신의 감정을 표현한다. 행동형의 엄마였다면 큰소리를 치며 변화를 꾀했을 것이고 이상형의 엄마였다면 엄마 좀 봐달라며 하소연했을 것이다.

아빠인 피곳 씨나 아들인 싸이먼과 패드릭은 행동형이다. 아빠와 아들들이 공감 능력이 있는 이상형이었다면 엄마 혼자 일하는 모습이 안쓰러워서 함께 했을 것이다. 아빠와 아들 세 명 중 규범형 성향이 한 명이라도 있었다면 자신의 방 정리쯤은 했을 것이다. 가족의 성격을 이해하는 것은 갈등을 줄이고 행복한 가정을 이끌어 가는 데 필수조건이다.

✔ **카드 놀이 <돼지책>**
　카드 놀이를 통해 엄마의 입장과 가족들의 입장을 이해하고 보완할 방법을 찾아보자.

> ❶ 엄마와 가족들의 성격 찾기
> ❷ 엄마와 가족들에 대한 감정카드 찾기
> ❸ 가족들에게 보완해주고 싶은 실천카드 찾아주기

# 부록

키워드별 낱말 카드
카드 활용 예시

# Let's Break!

## 키워드별 낱말 카드

≡ 실천카드

| | | | |
|---|---|---|---|
| 인내 | 자유 | 신뢰 | 유머 |
| 정직 | 공감 | 겸손 | 목표 |
| 소신 | 사랑 | 너그러움 | 화합 |
| 헌신 | 존중 | 창의성 | 이해심 |
| 양심 | 청결 | 행복 | 진실 |

| 확신 | 용기 | 우정 | 여유 |
| --- | --- | --- | --- |
| 유연성 | 정돈 | 믿음 | 열정 |
| 보람 | 감사 | 친절 | 즐거움 |
| 지혜 | 경청 | 약속 | 예의 |
| 배려 | 봉사 | 협동 | 정의 |

| | | | |
|---|---|---|---|
| 성실 | 책임 | 희생 | 신중 |
| 관용 | 자신감 | 희망 | 동행 |
| 긍정 | 협력 | 자율 | 도전 |
| 용서 | 노력 | 끈기 | 양보 |
| 근면 | 인정 | 결단 | 절제 |

## ≡ 성격카드(강점/약점)

### ❶ 강점 카드

| | | | |
|---|---|---|---|
| 생동감 있는 | 호의적인 | 생각이 깊은 | 내향적인 |
| 독창적인 | 모험적인 | 희생적인 | 외향적인 |
| 자신감 있는 | 논리적인 | 분석적인 | 수용하는 |
| 융통성 있는 | 친근한 | 표현하는 | 몰두하는 |
| 솔직한 | 협력적인 | 추진하는 | 너그러운 |

| | | | |
|---|---|---|---|
| 쾌활한 | 낙관적인 | 의지가 강한 | 독립적인 |
| 친절한 | 사교적인 | 확신하는 | 즐거운 |
| 공감하는 | 자발적인 | 설득력 있는 | 계획하는 |
| 끈기 있는 | 도움을 주는 | 배려심 있는 | 참을성 있는 |
| 호감 있는 | 꼼꼼한 | 관대한 | 평온한 |

| | | | |
|---|---|---|---|
| 활기찬 | 질서 있는 | 열정적인 | 느긋한 |
| 동정심 많은 | 책임감 있는 | 경쟁심 있는 | 이해심 많은 |
| 겸손한 | 절제력 있는 | 존중하는 | 단호한 |
| 자긍심 있는 | 중재하는 | 용기 있는 | 만족하는 |
| 창의적인 | 적극적인 | 마음이 넓은 | 상냥한 |

**❷ 약점 카드**

| | | | |
|---|---|---|---|
| 비난하는 | 충동적인 | 이기적인 | 성급한 |
| 반항하는 | 염려하는 | 비판적인 | 참을성 없는 |
| 산만한 | 공격적인 | 외로운 | 냉담한 |
| 일관성 없는 | 용서하지 않는 | 낙담한 | 질서 없는 |
| 안일한 | 두려워 하는 | 욕심많은 | 소심한 |

| | | | |
|---|---|---|---|
| 까다로운 | 부정적인 | 느린 | 화를 잘 내는 |
| 의존적인 | 게으른 | 짜증내는 | 난폭한 |
| 배려심 없는 | 열정이 없는 | 불만 스러운 | 의심많은 |
| 지적하는 | 규율이 없는 | 자신감 없는 | 책임감 없는 |
| 무기력한 | 용기 없는 | 소극적인 | 시끄러운 |

| 표현 없는 | 고집 센 | 회피하는 | 변덕 스러운 |
| 우유 부단한 | 의지가 약한 | 거만한 | 경쟁심을 느끼는 |
| 절제력 없는 | 허세 부리는 | 고지식한 | 주저하는 |
| 업신 여기는 | 어두운 | 자책하는 | 으스대는 |
| 무심한 | 의기소침 | 예민한 | 후회하는 |

## ≡ 감정 카드(기쁨/ 사랑/ 화남/ 불안/ 부끄러움/ 슬픔)

### ❶ 기쁨

| | | | |
|---|---|---|---|
| 기쁘다 | 날아갈 듯하다 | 만족 스럽다 | 뿌듯하다 |
| 짜릿하다 | 흐뭇하다 | 기분좋다 | 밝다 |
| 신나다 | 유쾌하다 | 가슴이 벅차다 | 즐겁다 |
| 개운하다 | 정겹다 | 재미있다 | 활기차다 |
| 희망차다 | 들뜨다 | 경쾌하다 | 든든하다 |

**❷ 사랑**

| | | | |
|---|---|---|---|
| 다정하다 | 따뜻하다 | 사랑<br>스럽다 | 애틋하다 |
| 산뜻하다 | 열망하다 | 간절하다 | 기대되다 |
| 바라다 | 소망하다 | 희망하다 | 생기있다 |
| 행복하다 | 황홀하다 | 보고싶다 | 호감가다 |
| 설레다 | 편안하다 | 감격하다 | 뿌듯하다 |

**❸** 화남

| | | | |
|---|---|---|---|
| 분하다 | 약오르다 | 짜증나다 | 밉다 |
| 씩씩대다 | 원망<br>스럽다 | 괘씸하다 | 불쾌하다 |
| 불만<br>스럽다 | 쌀쌀맞다 | 폭발하다 | 억울하다 |
| 무시하다 | 냉정하다 | 차갑다 | 못마땅<br>하다 |
| 속상하다 | 얄밉다 | 나쁘다 | 성질나다 |

❹ 불안

| | | | |
|---|---|---|---|
| 긴장되다 | 힘들다 | 경직되다 | 겁나다 |
| 당황하다 | 괴롭다 | 걱정되다 | 부담 스럽다 |
| 조급하다 | 낯설다 | 혼란 스럽다 | 난처하다 |
| 불편하다 | 불안하다 | 비참하다 | 숨막히다 |
| 피하고 싶다 | 초조하다 | 떨리다 | 절망하다 |

**❺ 부끄러움**

| | | | |
|---|---|---|---|
| 창피하다 | 민망하다 | 무안하다 | 어색하다 |
| 후회되다 | 막막하다 | 쑥스럽다 | 숨고 싶다 |
| 부끄럽다 | 멋쩍다 | 기죽다 | 자책하다 |
| 당혹<br>스럽다 | 겸연쩍다 | 얼굴이<br>화끈<br>거리다 | 조마조마<br>하다 |
| 두근두근<br>하다 | 뒤가<br>켕기다 | 손에<br>땀을 쥐다 | 몸 둘 바를<br>모르다 |

**❻ 슬픔**

| | | | |
|---|---|---|---|
| 쓸쓸하다 | 속상하다 | 공허하다 | 불쌍하다 |
| 비참하다 | 우울하다 | 서글프다 | 낙담하다 |
| 외롭다 | 서럽다 | 섭섭하다 | 울고 싶다 |
| 허전하다 | 가엽다 | 미안하다 | 가슴 아프다 |
| 애처롭다 | 안타깝다 | 처량하다 | 허탈하다 |

 **카드 활용 예시**

엄마와 아이가 함께 할 수 있는 실제 수업 사례입니다.

\* 성격카드 활용법을 보고 싶은 독자는 QR코드를 찍어서 영상을 확인하세요.

### 성격카드 찾기

**엄마**  우리가 읽은 책으로 카드놀이를 해볼까?

**아이**  카드는 어떤 것들이 있어요?

**엄마**  카드는 세 가지가 있는데 성격카드, 감정카드, 실천카드가 있어.

**아이**  성격카드는 뭔데요?

**엄마**  인물마다 각기 다른 행동을 할 때 어떤 성격을 가져서 그러는지
카드로 찾아보는 거야.

**아이**  그럼 감정 카드는 뭐예요?

**엄마**  감정카드는 상황이 일어났을 때 인물마다 느끼는 감정이 무엇인
지 찾아보는 거야.

**아이**  실천카드는요?

**엄마**  실천카드는 등장인물들이 새롭게 배우고 실천해야 할 것들이 무
엇인지 찾아보는 거야.

**아이** 그럼 우리도 빨리 카드놀이 해봐요.

**엄마** 탈무드 '다섯 부류 사람들'로 카드놀이 한번 해볼까? 내용은 다 알고 있지?

**아이** 다섯 부류 사람들은 같은 상황에서 다르게 행동했잖아요.

**엄마** 맞아. 첫 번째 사람들은 어떤 성격이었을까? 우리 카드에서 같이 찾아보자.

**아이** 첫 번째 사람들은 걱정이 많은 것 같아요. 배에서 내릴 용기도 없는 것 같고…

아이와 엄마는 성격카드에서 내향적인, 소심한, 주저하는, 염려하는 네 개의 카드를 찾았다.

**아이** 엄마 내향적인, 염려하는, 소심한 뜻이 뭐예요?

엄마는 아이에게 카드단어의 뜻을 설명해 주고 두 번째, 세 번째, 네 번째, 다섯 번째 부류의

성격카드도 같은 방법으로 아이와 함께 찾아본다.

### 감정카드 찾기

**엄마** 이번에는 감정카드를 찾아볼까? 선장이 다섯 부류 사람들에게 마음껏 즐기고 오라고 했을 때 각기 다르게 행동했지? 다섯 부류 사람들은 어떤 감정이었을지 카드에서 찾아보자.

첫 번째 부류

두 번째 부류

세 번째 부류

네 번째 부류

다섯 번째 부류

**엄마**  첫 번째 사람들은 왜 이런 카드를 뽑은 거야?

**아이**  모르는 곳이라 겁나고 떨려서 배에 있는 게 안전하다고 느꼈을 것 같아요. 배가 갑자기 떠나버릴까 봐 조마조마 하잖아요.

두 번째, 세 번째, 네 번째, 다섯 번째 부류의 감정카드도 이유를 물어보며 대화를 나눈다.

## 실천카드 놀이

**엄마**  다섯 부류 사람들에게 가르쳐주고 싶은 것을 실천카드에서 찾아 볼까?

첫 번째 부류

**엄마**   첫 번째 부류 사람들은 왜 이런 카드를 뽑은 거야?

**아이**   구경할 게 많았을 텐데 용기가 없어서 바깥 구경을 못 했잖아요.

다섯 번째 부류

**엄마**   다섯 번째 사람들은 뭘 배웠으면 좋겠어?

**아이**   선장의 말을 경청하지 않고 위험한데도 절제하지도 않아서
　　　　이런 것들을 더 배워야 할 것 같아요.

두 번째, 세 번째, 네 번째 부류의 실천카드도 이유를 물어보며 대화를 나눈다.

동양북스 홈페이지(dongyangbooks.com)
도서자료실에서
성격카드, 감정카드, 실천카드 PDF를
다운받을 수 있습니다.
출력하여 카드를 만들고
아이와 함께하는 카드놀이에 활용해보세요.

독서왕
1급
비밀